ULLRICH & VON DAAGEN

WIE MAN EINE BETRIEBSWIRTSCHAFTLICHE AUSWERTUNG (BWA) LIEST

1. AUFLAGE

ISBN: 978-1499610581

© 2014 **Herstellung und Verlag: CreateSpace**
4900 LaCross Road
North Charleston, SC 29406
USA

Inhaltsverzeichnis

• • •

1. Allgemeines

Die Arbeit und das Verstehen der BWA setzen Kenntnisse über die Bilanz und Gewinn- und Verlustrechnung voraus.

Daher gehe ich zunächst Schritt-für-Schritt auf die Verschiedenen Zusammenhänge ein.

2. Die Bilanz

Der Beginn der Betrachtung liegt in der Vorbereitung des betrieblichen Leistungsprozesses.

Wenn wir etwas verkaufen oder produzieren möchten, benötigen wir Maschinen, Material, verschiedene Wirtschaftsgüter, eine Büroausstattung und selbstverständlich auch Kapital.

Die Bilanz ist eine stichtagsbezogene Gegenüberstellung von Aktiva (Vermögen) und Passiva (Kapital) eines Unternehmens. Der Bilanzgewinn oder -verlust ergibt sich aus der Differenz zwischen Aktiva und Passiva.

Die Gliederung der Bilanz regelt § 266 HGB. Die Aktiva werden nach dem Grad der Liquidität, die Passiva nach Fristigkeit und zugrunde liegendem Rechtsverhältnis gegliedert.

Die Bilanz dient unternehmensinternen und externen Informationsbedürfnissen. Jedes Unternehmen ist verpflichtet, jährlich zum Geschäftsjahresabschluss eine Abschlussbilanz zu erstellen.

Darüber hinaus existieren Sonderbilanzen, wie Gründungs-, Umwandlungs-, Sanierungs-, Fusions-, Konkursbilanz etc.

Bei der jährlichen Abschlussbilanz ist zwischen der zur Veröffentlichung bestimmten Handelsbilanz und der zur Vorlage beim Finanzamt zu erstellenden Steuerbilanz zu unterscheiden.

Die Aktiva

Als Investition bezeichnet man die vorgesehene Mittelverwendung für die Aufnahme des Leistungsprozesses. Diese Daten befinden sich auf der Aktivseite der Bilanz, auch Aktiva genannt.

Nachdem uns klar ist, was wir für die Leistungserstellung benötigen, müssen wir wissen, woher wir das Kapital nehmen, welches für die Investierung notwendig ist.

Die Passiva

Sowohl Eigenkapital, als auch Fremdkapital wird als Finanzierungsquelle in Frage kommen. Diese Positionen erscheinen auf der Passivseite der Bilanz, auch Passiva genannt. Diese Seite trifft somit die Aussage der Mittelherkunft

Die Bilanz ist somit die zusammengefasste Darstellung des Vermögens auf der Aktivseite und des Kapitals auf der Passivseite. Auf der Aktiva-Seite differenziert man zwischen Anlage- und Umlaufvermögen, auf der Passiva zwischen Eigen- und Fremdkapital.

Aktiva	Passiva
Umlaufvermögen	Schulden
Anlagevermögen	Eigenkapital
Mitelverwendung = Investion	Mittelherkunft = Finanzierung

Durch eine Aufbereitung der Bilanz entsteht die Strukturbilanz, welche Grundlage für eine Analyse und damit die Berechnung von Kennzahlen ermöglicht.

Kontennr.	Konten-Bezeichnung	Aktiva	Passiva
O100	Lager-, Werkstatt, Geschäftsgebäude	300.000,00 €	
O200	Maschinen	190.000,00 €	
O300	Lastkraftwagen	40.000,00 €	
O400	Betriebsausstattung	8.000,00 €	
O510	Geschäfts- und Firmenwert	4.000,00 €	
O640	Wertpapiere des Anlagevermögens	14.500,00 €	
O700	Langfr. Verbindlichkeiten gegenüber Kreditinstituten		305.000,00 €
O800	Kapitalkonto		100.000,00 €
O910	Steuerrückstellungen		12.000,00 €
O930	Aktive Rechnungsabgrenzung	15.700,00 €	
O940	Passive Rechnungsabgrenzung		11.000,00 €
1000	Kasse	21.650,00 €	
1100	Postbank	25.500,00 €	
1110	Bank	23.500,00 €	
1180	Schecks	3.700,00 €	
1200	Wechselforderungen	17.000,00 €	
1400	Forderungen aus Lieferungen und Leistungen	122.000,00 €	
1440	Zweifelhafte Forderungen	9.500,00 €	
1600	Verbindlichkeiten aus Lieferungen und Leistungen		279.500,00 €
1610	Verbindlichkeiten gegenüber Kreditinstituten		17.500,00 €
1620	Treuhandkonto Lohnsteuer		10.500,00 €
1630	Treuhandkonto Sozialabgaben (AN-Anteil)		12.000,00 €
1640	Verpflichtungen aus gesetzl. Sozialabgaben (AG-Anteil)		12.150,00 €
1680	Mehrwertsteuerverpflichtung (zusammengefasst)		15.800,00 €
1690	sonstige kurzfristige Verbindlichkeiten		11.000,00 €
1890	Wechselverbindlichkeiten		24.500,00 €
3090	Rohstoffe	77.000,00 €	
3290	Hilfs- und Betriebsstoffe	12.200,00 €	
3390	Kleinmaterial	8.550,00 €	
3690	Unfertige Erzeugnisse	23.600,00 €	
3790	Selbsthergestellte Fertigerzeugnisse	16.500,00 €	
		932.900,00 €	810.950,00 €
	Jahresüberschuss		121.950,00 €
		932.900,00 €	932.900,00 €

Beispiel eines Jahresabschlusses zum 31.12 für die Zeit vom 01.01. bis 31.12.

3. Gewinn- und Verlustrechnung (GuV)

Auch hier liegt der Beginn der Betrachtung in der Vorbereitung des betrieblichen Leistungsprozesses. Nachdem die Vorbereitung durch Finanzierung und Investierung für den Leistungsprozess getroffen wurden, kann mit dem der Erledigung von Aufträgen oder dem Verkauf begonnen werden.

Dabei entstehen Kosten, welche man in 3 Hauptkostenpositionen einordnen kann:

-Waren/Material

-Personal (Lohn, Gehalt)

-sonst. Kosten/Sachkosten/Gemeinkosten

Durch die Tätigkeit werden anderseits auch Umsatzerlöse erzielt, welche in der Gewinn- und Verlustrechnung (GuV) dargestellt werden. Auf der Sollseite stehen dabei alle Aufwendungen, auf der Habenseite alle Umsatzerlöse. Die Differenz der beiden Summen zeigt den Gewinn oder Verlust an.

Im Einzelnen sind folgende Schritte erforderlich:

Buchen von Aufwendungen und Erträgen auf den Erfolgskonten

Erfolgskonten abschließen (Salden bilden, Abschluss über GuV)

GuV Konto abschließen (Salden bilden= Gewinn oder Verlust)

Gewinn- oder Verlust auf das Eigenkapitalkonto buchen

Eigenkapitalkonto abschließen: Saldo → Schlussbilanz

Betrieblicher Leistungsprozess

- Produktion
- Verkauf
- Vermittlung
- Auftragsdurchführung

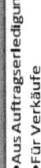

Erlöse
- Aus Auftragserledigungen
- Für Verkäufe
- Für Vermittlungen etc.

Kosten
- Lohn
- Material
- Sachkosten / sonst. Kosten

Gewinn- und Verlustrechnung

Soll	Haben
Aufwendungen für Material	Umsatzerlöse mit 7%
Lohn- Gehaltaufwendungen	Umsatzerlöse mit 19%
Abschreibung (AfA)	Steuerfreie Umsatzerlöse nach §13b UStG
Miete, Leasing, Pacht	
Fahrzeugkosten	
Energie	
Büro, Telefon etc.	

Kontennr.	Konten-Bezeichnung	Soll	Haben
4000	Material (Rohstoffe)	355.000,00 €	
4040	Bezogene Teile	48.000,00 €	
4100	Sammelkonto Löhne und Gehälter	400.000,00 €	
4130	Sammelkonto gesetzl. Sozialabgaben (AG-Anteil)	79.000,00 €	
4180	Freiwillige Sozialleistungen	17.500,00 €	
4200	Kleinmaterial	33.500,00 €	
4260	Schmierstoffe, Öle, Fett	21.000,00 €	
4390	Fremdstrom, Gas, Wasser	18.200,00 €	
4400	Betriebliche Steuern	20.500,00 €	
4450	Versicherungen	12.000,00 €	
4500	Miete, Pacht	15.500,00 €	
4520	Porti, Fernsprechgebühren	1.700,00 €	
4530	Büromaterial	3.100,00 €	
4570	Kfz-Unterhalt	10.950,00 €	
8090	Erlöse aus selbst hergestellten Erzeugnissen		1.210.000,00 €
8290	Erlöse aus Lohnaufträgen		220.000,00 €
8600	Erlösschmälerung	83.500,00 €	
8790	Bestandsveränderung		27.000,00 €
9000	Außerordentliche Aufwendungen	4.400,00 €	
9050	Außerordentliche Erträge		17.800,00 €
9100	Betriebsfremde Aufwendungen	15.000,00 €	
9150	Betriebsfremde Erträge		15.700,00 €
9300	Zins- und Diskontaufwendungen	36.800,00 €	
9410	Erträge aus Wertpapieren des Finanzanlagevermögens		6.500,00 €
9500	Bilanzielle Abschreibung auf Gebäude	7.250,00 €	
9510	Bilanzielle Abschreibung auf Kraftfahrzeuge	14.550,00 €	
9520	Bilanzielle Abschreibung auf sonstiges Anlagevermögen	36.500,00 €	
9530	Bilanzielle Abschreibung auf immaterielle Vermögens-gegenstände des Anlagevermögens	3.950,00 €	
9550	Bilanzielle Abschreibung auf das Umlaufvermögen	10.850,00 €	
		1.248.750,00 €	1.497.000,00 €
	Jahresüberschuss (Gewinn)	248.250,00 €	
		1.497.000,00 €	1.497.000,00 €

BEISPIEL EINER GEWINN- UND VERLUSTRECHNUNG
 für die Zeit vom 01.01.-31.12.

• • •

14

4. Die BWA

Wie der Name sagt, ist die BWA eine betriebswirtschaftliche Auswertung oder besser anders ausgedrückt: sie gibt aufgrund der aktuellen Buchhaltung einen Überblick über die Kosten-, Umsatz und Gewinnsituation eines Unternehmens in detaillierter Form.

4.1 Was ist eine BWA?

Die BWA ist ein wichtiges Kontrollinstrument da sie dem Unternehmen über die betriebliche Entwicklung Aufschluss gibt und darüber hinaus Vergleichsmöglichkeiten zu vorangegangenen Zeiträumen bietet. Ferner wird ein Bild über die finanzielle Lage eines Unternehmens vermittelt.

4.2 Was sagt eine BWA aus?

Die einzelnen Seiten einer BWA geben mit Ihren Zahlen unterschiedliche Sachverhalte der Buchführung wieder. Werden die Zahlen in die einzelnen Bestandteile zerlegt, trifft diese Aussagen zu folgenden Unternehmenswerten bzw. Sachverhalten:

1. Anlagevermögen (z.B. Maschinen usw.)
2. Umlaufvermögen (z.B. Material, Forderungen)
3. Kapital (Eigenkapital, Kredite)
4. Kosten (Personal etc.)
5. Umsatz (Erlöse)
6. Gewinn oder Verlust

Bei einer durch DATEV erstellte BWA wird die aktuelle Monatsübersicht zum Vergleich mit der des Vorjahres gegenüber verglichen. Hochrechnungen für die bereits gebuchten Monate können so auf das folgende Gesamtjahr Aufschluss geben. Durch einen derartigen Vergleich ist erkennbar, ob das Ergebnis besser oder schlechter als im Vorjahr ausfällt. Ebenso ist feststellbar, ob der Umsatz oder die Kosten im Vergleich zum Vorjahr oder bei dem Vergleich der aktuellen BWA mit dem Vormonat gestiegen bzw. gesunken sind. Falls beispielsweise die Kosten gestiegen sind, kann sofort verglichen werden, welche Kostenart sich erhöht hat.

Vor allem zeigt die Betriebswirtschaftliche Auswertung auf, ob neben Umsatz auch Gewinn erwirtschaftet wurde. Denn dieser bedeutet zum einen die Deckung aller Betriebskosten, der Investitionen sowie der betrieblichen Steuern und zum anderen ein ausreichendes Einkommen zu Deckung des Lebensunterhalts des Unternehmers und deren Angestellten.

4.3 Wozu dient die BWA?

Wie bereits ausgeführt dient die BWA durch den jederzeit aktuellen Überblick in erster Linie dem Unternehmen, um zu sehen: „Wie geht es dem Unternehmen überhaupt."

Durch Vergleiche der BWA untereinander und im Vergleich mit dem zum Vorjahr können Entwicklungen der Kosten und des Umsatzes erkannt und geeignete Maßnahmen ergriffen werden. Dies wiederum verbessert das Betriebsergebnis.

Kurz ausgedrückt: Die BWA liefert Daten für unternehmerische Entscheidungen. Über die BWA ist auch

• • •

Vergleich mit anderen Unternehmen in der gleichen Branche möglich. Dieser so genannte Betriebsvergleich hat den Vorteil, dass man erkennen kann, wo das Unternehmen gerade steht.

Durch einen Vergleich mit externen Zahlen können folgende Fragen geklärt und zur Verbesserung der Situation des Unternehmens genutzt werden:

- Wo kann man ein Unternehmen einordnen?
- Haben Unternehmen, welche Vergleichbar sind, ähnliche Probleme?
- Steht das Unternehmen besser oder schlechter da, als andere?

4.4 Wo finde ich Vergleichszahlen für Unternehmen?

Banken

Einige Banken bieten so genannte Branchenkennzahlen zum externen Vergleich an. Allerdings behandeln Banken häufig kleinere und größere Unternehmen in ihrer Auswertung gleich, so dass zumeist deren Aussagekraft gering ist.

Steuerberater

> **Einfacher ausgedrückt gibt die BWA den aktuellen Stand der genannten Positionen aus der Bilanz und der Gewinn- und Verlustrechnung wieder.**

• • •

Auch wenn die Chance gering ist. Auch Steuerberater, die gleiche Unternehmen betreuen, können als Quellenlieferant für Vergleichszahlen dienen.

Internet

Das Internet ist die größte Datenbank überhaupt. Allerdings ist das Aufspüren von Vergleichszahlen und Kennzahlen eher schwierig.

Öffentliche Beratungsstellen der Industrie- und Handelskammer oder der Handwerkskammer

Die Beratungsstellen von IHK oder HWK können als Mitglied kostenfrei in Anspruch genommen werden. Diese Verfügen meist über einen entsprechenden Datenpool mit betriebswirtschaftlichen Zahlen der jeweiligen Branche.

4.5 Inhalt und Aufbau der DATEV-BWA

Die betriebswirtschaftliche Analyse und Steuerung eines Unternehmens basiert primär auf den Zahlen der Finanzbuchhaltung. Durch die BWA werden die Analysen unterstützt, weil das Datenmaterial der Buchführung bereits aufbereitet und verdichtet wurde. Durch die Aufbereitung nach betriebswirtschaftlichen Gesichtspunkten wird eine Analyse wesentlich erleichtert.

Die steuerlichen Beträge werden demnach zu betriebswirtschaftlichen Zwecken aufbereitet und ausgewertet. Es entsteht ein neues Zahlenwerk aus komprimierten Kennziffern. Diese geben Auskunft über Erlöse, Kosten, sowie die Kapital- und Finanzstruktur eines Betriebes.

• • •

Leistung, Kosten und Erfolg

	in EUR	in %
Leistungen	479.141,00	99,7
+ Handelserlöse	1.220,00	0,3
=Betriebsleistungen	480.361,00	100,00
-Fremdleistungen	38.695,00	8,1
=Eigene Betriebsleistung	441.666,00	91,9
-Material- und Wareneinsatz	152.408,00	31,7
=Rohertrag I	289.258,00	60,2
-Personalaufwand (ohne Geschäftsführergehalt)	151.227,00	31,5
-Kalkulatorische Personalkosten	40.528,00	8,4
=Rohertrag II	97.503,00	20,3
-Übrige Kosten:		
Raumkosten	25.543,00	5,3
davon kalkulatorische Miete	2.668,00	0,6
Versicherung, Beiträge, Steuern	7.430,00	1,5
Reparaturen, Instandhaltungen	3.381,00	0,7
Kfz-Kosten	14.355,00	3,0
Werbung, Reisekosten	6.302,00	1,3
Abschreibungen	13.173,00	2,7
Zinsen	12.725,00	2,6
davon kalkulatorische Eigenkapitalzinsen	0,00	0,0
Sonstige Kosten	20.833,00	4,3
=Summe der übrigen Kosten	103.742,00	21,6
=Betriebswirtschaftliches Ergebnis	-6.239,00	-1,3

Berechnung des Cash Flow

	Euro	%
Betriebsergebnis	36.957,00	7,7
+Abschreibungen	13.173,00	2,7
=Cash Flow	50.130,00	10,4

Die Auswertung liefert wichtige Informationen über die Wirtschaftlichkeit und Entwicklung eines Unternehmens und bietet die Basis für Gestaltungsmöglichkeiten.

Zur Vermeidung unnötiger Kosten sollten über DATEV nur solche Betriebswirtschaftlichen Auswertungen erstellt werden, die tatsächlich auch wichtig sind.

● ● ●

Warennachweis zur Kurzfristigen Erfolgsrechnung März 2009
SKR 4   BWA-Nr. 1   BWA-Form DATEV-BWA   Warenumsatz K51

Zeile	Bezeichnung	Konto	Zeile Konten-/Zeilen-beschriftung	Flst.Schl.	Mrz.2009 Konten/Zeilen	BWA-Werte	Jan.2009-Mrz.2009 Konten/Zeilen	BWA-Werte
1020	Umsatzerlöse	4120 H	Steuerfreie Erlöse Furniere Drittland	0	4.453,68	404.254,59	16.528,51	1.141.600,61
		4125 H	Steuerfr. EG-Erlöse Furniere	0	19.042,34		84.720,85	
		4337 H	Erlöse aus Leistungen nach § 13b UStG	0	6.323,40		6.323,40	
		4400 H	Erlöse Furniere	0	114.542,74		406.708,06	
		4405 H	Erlöse beschichtete Platten	0	67.179,40		231.591,35	
		4406 H	Erlöse Modellbau	0	48.494,82		112.876,79	
		4407 H	Erlöse Messebau	0	146.353,83		268.862,60	
		4730 H	Gewährte Skonti	0	-133,61		-495,85	
		4736 H	Gewährte Skonti 19% USt	0	-1.650,99		-5.154,08	
		4743 H	Gewährte Skonti strf. EG-Lieferung	0	-351,02		-351,02	
1051	Gesamtleistung		1020 Umsatzerlöse	1	404.254,59	404.254,59	1.141.600,61	1.141.600,61
1060	Mat.Wareneinkauf	5400 S	Wareneingang Furnier	25	2.011,76	198.763,59	19.802,61	567.380,66
		5401 S	Wareneingang Spanplatten	25	0,00		35.339,85	
		5402 S	Wareneingang Farben und Lacke	25	6.435,18		38.508,30	
		5405 S	Wareneingang beschichtete Platten	25	53.223,80		137.041,66	
		5406 S	Wareneingang Modellbau	25	27.756,12		49.577,88	
		5407 S	Wareneingang Messebau	25	23.560,59		50.639,67	
		5409 S	Sonstiger Wareneingang	25	9.466,36		35.083,49	
		5425 S	EG-Erwerb 19% Vorsteuer und 19% USt	25	0,00		36.154,80	
		5736 S	Erhaltene Skonti 19% Vorsteuer	25	-193,07		-472,38	
		5748 S	Erhalt. Skonti EG-Erwerb 19% Vorst/USt	25	-622,86		-877,79	
		5900 S	Fremdleistungen	25	70.356,33		159.905,19	
		5920 S	Bauleistungen § 13b 19% Vorst. 19% USt	25	6.677,38		6.677,38	
1080	Rohertrag		1051 Gesamtleistung	2	404.254,59	205.491,00	1.141.600,61	574.219,95
			1060 Mat.Wareneinkauf	2	198.763,59		567.380,66	
1090	So. betr. Erlöse	4947 H	Vorsch. sonstige Sachbezüge 19% USt	0	294,12	294,12	882,36	882,36
1092	Bruttl. Rohertrag		1080 Rohertrag	1	205.491,00	205.785,12	574.219,95	575.102,31
			1090 So. betr. Erlöse	1	294,12		882,36	
1100	Personalkosten	6010 S	Löhne	0	62.533,40	103.995,20	188.655,67	315.094,68
		6020 S	Gehälter	0	17.500,00		52.500,00	
		6027 S	Geschäftsf./Unregelfälter	0	5.000,00		15.000,00	
		6030 S	Aushilfslöhne	0	400,00		1.200,00	
		6040 S	Pauschale Steuer für Aushilfen	0	8,00		24,00	
		6060 S	Freiwillige soziale Aufwendung. LSt-pfl.	0	350,00		1.050,00	
		6069 S	Pauschale Steuer für Zuschüsse	0	5,05		15,15	
		6090 S	Fahrkostenerstatt. Whg-Arbeitsstätte	0	50,00		150,00	
		6110 S	Gesetzliche Sozialaufwendungen	0	18.148,75		54.999,86	
		6120 S	Beiträge zur Berufsgenossenschaft	0	0,00		1.300,00	

Währung: Euro   Status 0/2009*FAM

Das vorläufige Ergebnis entspricht dem derzeitigen Stand der Buchführung. Abschluss-/ Abgrenzungsbuchungen können es noch verändern.

Muster-Abbild

Folgende wichtigen Betriebswirtschaftlichen Auswertungen enthält die BWA:

- Statistische Liquidität
- KER (Kurzfristige Erfolgsrechnung
- Bewegungsbilanz

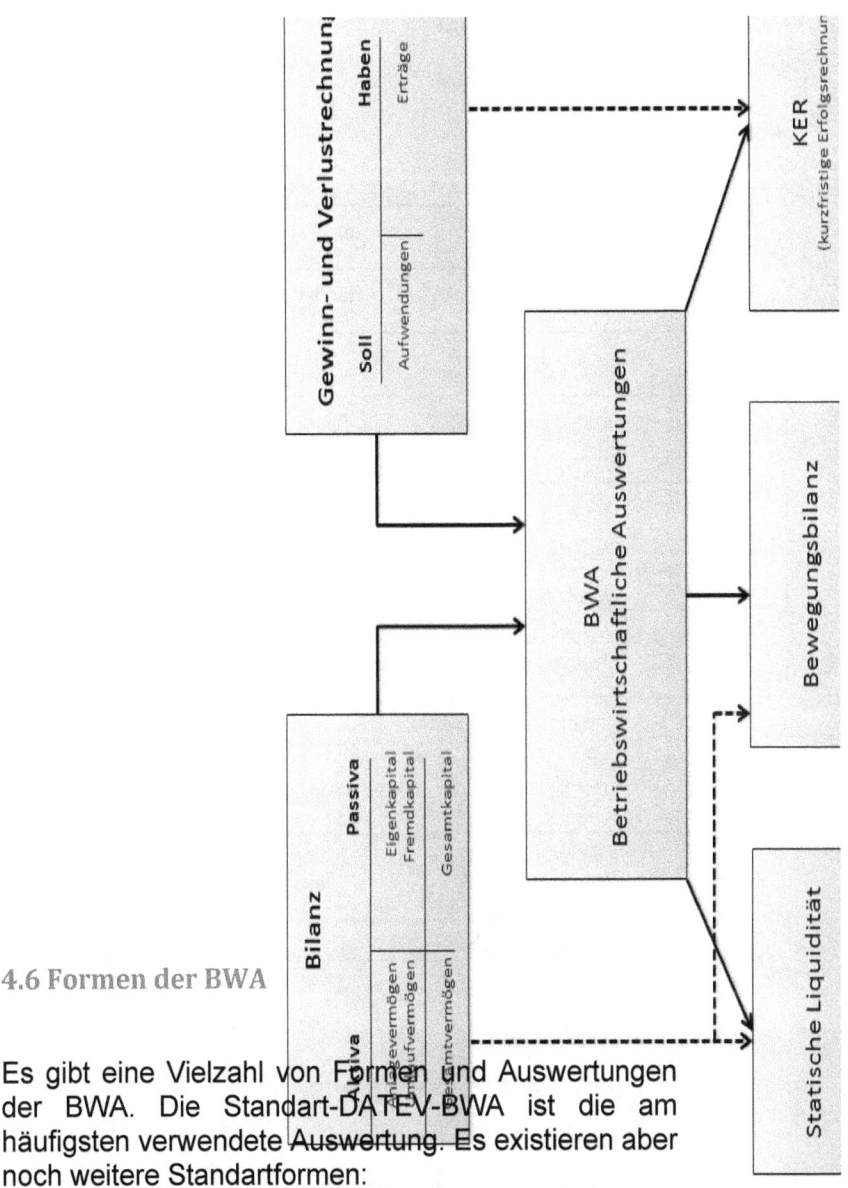

4.6 Formen der BWA

Es gibt eine Vielzahl von Formen und Auswertungen der BWA. Die Standart-DATEV-BWA ist die am häufigsten verwendete Auswertung. Es existieren aber noch weitere Standartformen:

SKR	BWA-Form	Beschreibung
01	DATEV-BWA	Branchenübergreifende Auswertung
02	Kurzfristige Erfolgsrechnung	• Am Aktienrecht orientiertes GuV-Schema in Staffelform

• • •

		• Zum Spezialkontenrahmen SKR 80/81 für Ärzte
03	Institut für Handelsforschung	Kennziffern für den Betriebsvergleich des IfH
05	Gesamtkosten-BWA	Handelsrechtliches GuV-Schema in Staffelform nach §275 Abs. 2 HGB
10	Steuerberater-BWA	Spezielle Auswertung für eine Kanzlei
15	Kapitaldienstgrenze-BWA	Finanz- und kreditwirtschaftliche Kennzahlen wie Cashflow und Kapitaldienstgrenze
20	Handwerks-BWA	Auf Handwerksbetriebe zugeschnitten mit Aufteilung von Handwerk und Handel
31	Einzelhandels-BWA	Für Handel
40	Kurzfristige Erfolgsrechnung	Für soziale Einrichtungen ausgelegt auf die Pflege-Buchführungsverordnung
43	Einnahmen-Ausgaben-BWA	Für Freiberufler und Kleinunternehmen die den Gewinn durch Einnahme-Überschussrechnungen nach §4 Abs. 3 EStG ermitteln
70	Hotel- und Gaststätten-BWA	Zugeschnitten auf die Besonderheiten im Hotel- und Gaststättengewerbe
	Branchenlösungen	

4.6 BWA Branchenlösungen:

- Augenoptiker
- Bundesautobahnbetriebe
- Baugewerbe
- Garten- und Landschaftsbau
- Güterkraftverkehr
- Kfz-Betriebe
- Krankenhäuser
- Tankstellen

• • •

- Vereine
- Zahntechniker

Weiterhin gibt es unternehmensspezifische Auswertungen für einzelne Unternehmen der Automobilbranche wie zum Beispiel: BMW, Bosch, Fiat, Ford, Opel und andere.

Formen der BWA

Übersicht zu den verschiedenen Auswertungen der DATEV-BWA.

BWA-Grundauswertungen

Grafiken

- Liniendiagramm über 15 Monate (Entwicklungsübersicht)
- Balkendiagramm (Vorjahresvergleich)
- Liniendiagramm über 3 Jahre
- Flächendiagramm
- Kreisdiagramm

BWA--Report

BWA-Prognose

- Wirtschaftsjahres-Übersicht
- 12-Monats-Prognose
- Grafik zur Wirtschaftsjahresübersicht

Chefübersichten

- Jahresübersicht
- Entwicklungsübersicht
- Vergleichsanalyse
- 3-Jahresvergleich

Vergleichs-BWA

- mit Vorjahreswerten
- mit Vorgabevergleich (Soll-Ist-Vergleich)

Auswertungen zum Betriebswirtschaftlichen Kurzbericht

- Betriebswirtschaftlicher Kurzbericht (BKB)
- Vergleichs-BK

● ● ●

4. Die Kurzfristige Erfolgsrechnung

<u>Analyse der KER Anhand des Beispiels der Muster GmbH</u>

Die auf der nächsten Seite befindliche Grafik zeigt die „Kurzfristige Erfolgsrechnung". Die Auswertung wurde im Juni 2012 erstellt.

1. Block der KER

In der „Kurzfristigen Erfolgsrechnung" werde in die Aufwands- und Erfolgskonten, in denen die Salden der jeweiligen Kosten aufgeführt werden, gestaffelt.

- **Rohertrag/betrieblicher Rohertrag**

  Betriebliche Erlöse – Material und Wareneinsatz = 19.566,26 €

- **Betriebsergebnis**

  Betriebliche Rohertrag – Gesamtkosten = 2.973,15 €

- **Neutraler Ertrag**

  Zinserträge + so. neutr. Erträge + verr. kalk. Kosten = 3.358,87 €

- **Vorläufiges Ergebnis**

  Betriebsergebnis – neutr. Aufwand + neutr. Ertrag = 4.990,76 €

Im neutralen Ergebnis sind Aufwendungen aufgeführt, die keine Kosten darstellen, sowie Verrechnungskonten zur Saldierung der kalkulatorischen Konten. Werte also, die eher buchungstechnisch als informativ zur Erfolgsermittlung beitragen.

Im 1. Block werden die monatlichen absoluten und relativen Beträge dargestellt.

Dem 2. Block können die kumulierten Werte entnommen werden. Die Monatssalden werden zur Gesamtleistung, den Gesamtkosten und den Personalkosten des Unternehmens in Beziehung gesetzt.

* * *

Betriebswirtschaftliche Auswertung
DATEV-BWA zum 30.06.2012 Abr.-Nr. 10/12

Lizell/ Müller GmbH — Kfr. Erfolgsrechnung — 100

Kfr. Erfolgsrechnung	Auswertungsmonat Juni	% Ges.- Leistg	% Pers.- Kosten	% Ges.- Kosten	Auf- schlag	kumuliert Jan-Jun	% Ges.- Leistg	% Ges.- Kosten	% Pers.- Kosten
Umsatzerlöse	38.275,66	99,73				230.964,41	99,87		
Best.Verdg. FE/UE	101,81	0,27				308,31	0,13		
Gesamtleistung	38.377,47	100,00				231272,72	100,00		
Mat./Wareneinkauf	20.324,90	52,96	232,44	122,49	438,90	119.957,60	51,87	121,64	239,73
Rohertrag	18.052,57	47,04	206,46	108,80	88,82	111.315,12	48,13	112,88	222,46
So. betr. Erlöse	1.513,69	3,94	17,31	9,12		5.023,15	2,17	5,09	10,04
Betriebl. Rohertrag	19.566,26	50,99	223,77	117,92	96,27	116.338,27	50,30	117,97	232,50
Kostenarten:									
Personalkosten	8.744,04	22,78	100,00	52,70		50.037,60	21,64	50,74	100,00
Raumkosten	2.999,82	7,82	34,31	18,08		17.713,91	8,09	18,98	37,40
Betriebliche Steuern	216,60	0,56	2,48	1,31		1.060,37	0,46	1,08	2,12
Versich./Beiträge	281,68	0,73	3,22	1,70		1.790,57	0,77	1,82	3,58
Besondere Kosten	0,00					0,00			
Kfz-Kosten (o. St.)	880,81	2,30	10,07	5,31		5.175,40	2,24	5,25	10,14
Werbe-/Reisekosten	645,98	1,68	7,39	3,89		3.481,92	1,51	3,53	6,96
Kosten Warenabgabe	72,46	0,19	0,83	0,44		463,91	0,2	0,47	0,93
Abschreibungen	1.396,94	3,64	15,98	8,42		8.977,85	3,88	9,10	17,94
Reparatur/Instandh.	138,44	0,36	1,58	0,83		1.141,71	0,49	1,16	2,28
Sonstige Kosten	1.216,44	3,17	13,91	7,33		7.772,05	3,36	7,88	15,53
Gesamtkosten	16.593,11	43,24	189,76	100,00		97.615,19	42,64	100,00	197,08
Betriebsergebnis	2.973,15	7,75				17.723,08	7,66		
Zinsaufwand	1.258,62	3,28				8.303,92	3,59		
Übrige Steuern	35,20	0,09				266,86	0,12		
Sonst. Neutr. Auw.	47,44	0,12				289,82	0,13		
Neutr. Aufwand ges.	1.341,26	3,49				8.860,60	3,83		
Zinserträge	179,42	0,47				950,04	0,41		
Sonst. neutr. Ertr.	118,72	0,31				461,69	0,20		

Das prozentuale Verhältnis zur Gesamtleistung (Spalte 2) gibt Aufschluss über:

- **Handelsspanne**

$$\frac{Rohertrag}{Gesamtleistung} \times 100 = \text{Handelsspanne (47,04\%)}$$

- **Personalaufwandsquote**

• • •

28

$$\frac{Personalaufwand}{Umsatz} \times 100 =$$

Personalaufwandsquote(22,78%)

D.h. je 100,00 € Umsatz entstehen im vorliegenden Beispiel Personalkosten in Höhe von 22,78 €

- **Umsatzrendite/Umsatzrentabilität**

$$\frac{Gewinn\ (Jahresüberschuss)}{Umsatz} \times 100 =$$

Umsatzrendite (7,75%)

Die Spalte 3 „Prozentuale Gesamtkosten" spiegelt die Kostenstruktur des Unternehmers wieder. Unter anderen haben in dem Beispiel die Personalkosten mit 52,70% einen hohen Anteil an den Gesamtkosten.

Die Raumkosten jedoch sind mit 18,08% in der Relation gering.

Die Kennziffern in Spalte 4 zu den Personalkosten können unter anderem für die Beurteilung der Wirtschaftlichkeit des Personaleinsatzes aufschlussreich sein.

Bei der Beurteilung der betrieblichen Kostenstruktur können Vergleichszahlen der Branche herangezogen werden. Hierbei ist ein Vergleich mit den Mitbewerbern möglich. Außerdem können so gezielte Verbesserungen der einzelnen Kostenbereiche und deren Auswirkung auf die Gesamtkosten vorgenommen werden. Wirtschaftsverbände, Kammern, aber auch die DATEV bieten Vergleichszahlen zu anderen Unternehmen in der Branche.

Im Beispiel auf Seite 19 wird je 100,00 Euro Personalkosten eine Gesamtleistung von 438,90 Euro erzielt. Werden bei gleicher Gesamtleistung die Personalkosten gesenkt, wirkt sich dies stärker aus, als bei der Reduzierung der Raumkosten.

Aus der 5. Spalte „Aufschlag" sind 3 Werte zu entnehmen:

- Material-, Warenverbrauch   100,00
- Rohertrag   88,82
- Betrieblicher Rohertrag   96,27

Der mittlere Wert gibt den durchschnittlichen Kalkulationsaufschlag wieder.

2. Block der KER

Im 2. Block werden die Zahlen des Wirtschaftsjahres kumuliert ausgewertet. Diese Daten können mit den Monatswerten abgeglichen werden.

Die Umsatzrendite liegt in dem Beispiel für die Monate Januar bis Juni bei 7,66% und je 100,00 Euro Personalkosten werden 462,20 Euro Umsatz erwirtschaftet.

Betrachtet man die entsprechenden Monatswerte so erkennt man, dass sich die betrieblichen Kennziffern im Monat Juni nur gering verschlechtert haben.

• • •

Mit dem Jahresabschluss liegen die kumulierten Werte vor und damit die Kosten- und Erlösstruktur des Unternehmens für das gesamte Wirtschaftsjahr.

5. Die Bewegungsbilanz

Aus den Daten von zwei aufeinander folgenden Bilanzen und unter Berücksichtigung weiterer Informationsquellen eines Unternehmens (z.B. Anlagenspiegel) lässt sich eine Bewegungsbilanz, auch Veränderungsbilanz genannt, erstellen. Diese gibt Einblicke in Formen und Strukturen der Mittelherkunft (Finanzierungsmittelzufluss) und Mittelverwendung (Finanzierungsmittelabfluss).

In der Bewegungsbilanz sind die Kapitalflüsse des Jahres dargestellt. Hierdurch können Rückschlüsse auf die Kapitalverwendung und –herkunft gezogen werden.

Bewegungsbilanz

Mittelverwendung   Mittelherkunft

● ● ●

Erhöhung der Aktivposten	Erhöhung der Passivposten
Verminderung der Passivposten	Verminderung der Aktivposten

In der linken Spalte steht die Mittelverwendung als Zugang von Vermögenswerten und entspricht der Erhöhung der Aktiva und/oder als Verminderung der Passivposten.

Auf der rechten Seite ist die Mittelherkunft dargestellt. Diese kann aus der Minderung von Aktivposten herrühren und/oder aus der Erhöhung der Passiva.

Weiterhin kann ebenso festgestellt werden, wie auf der linken Seite ein vorläufiger Verlust finanziell auf der rechten Seite aufgefangen wird.

Auf der nachfolgenden Seite befindet sich eine Bewegungsbilanz der Muster GmbH vom 30.06.2012.

• • •

Bewegungsbilanz	Mittelverwendung Erh. Aktiva/Mind. Passiva	in %	Mittelherkunft Erh. Passiva/Mind. Aktiva	in %	Währu in %
Anlagevermögen			1.320,51		1,32
Sachanlagen	34.790,42	34,85			
Umlaufvermögen	308,31	0,31			
Fertg. Erzeugn.					
Roh-Stoffe/Maten					
Bank/Postbank	29.512,37	29,56			
Bank/Schecks/WP	16.108,52	16,14			
Forderung L.u.L.	18.631,18	18,66			
Vermög.Ggst.	473,15	0,47			
L.u.L.			19.255,20		19,29
verbindl.			6.841,85		6,85
dite/kredtl VR					
satzsteuer			3.761,08		3,77
rechst./RAP					
GL-Anteil					
Kapital			18.750,00		18,78
Privat			22.046,65		22,09
Rücklagen					
Vorl. Gewinn/Verlust			27.848,66		27,90
Summe Mittelverwendung	99.823,95	100,00			
Summe Mittelherkunft			99.823,95		100,00

Auswertung der Bewegungsbilanz

Im vorangehenden Beispiel ist auf der rechten Seite zu sehen, dass im Monat Juni hauptsächlich Privateinlagen in Höhe von 22.046,65 Euro, Überschüsse in Höhe von 27.848,66 Euro und eine Kapitaleinlage von 18.750,00 Euro etc. zur Finanzierung dienten. Auf der linken Seite der Bewegungsbilanz ist erkennbar, dass die Mittel in Sachanlagen investiert wurden.

6. Statische Liquidität

Cash-Management und Schuldendeckung

⬤ ⬤ ⬤

Die statische Liquidität zeigt an, in welchem (prozentualen) Verhältnis liquide bzw. liquidierbare Vermögensgegenstände (AKTIV-Seite der Bilanz) zu den kurzfristigen Verbindlichkeiten (PASSIV-Seite der Bilanz) stehen.

Auch hier wieder eine Analyse Anhand eines Beispiels der Muster GmbH.

Die Auswertung „Statische Liquidität" (300 Statische Liquidität Blatt 3 auf Seite 25) liefert Informationen über die statische Liquidität eines Unternehmens zum Monatsende und stellt diese Ergebnisse dem des vorangegangenen Monats gegenüber.

„Statisch" nennt sich die Momentaufnahme zum Monats- bzw. Jahresende, weil weder Laufzeit der Kredite noch Zahlungsziele berücksichtigt werden.

Man unterteilt in drei Liq

- ❖ **Liquidität 1. Gra**
- ❖ **Liquidität 2. Gra**
- ❖ **Liquidität 3. Gra**

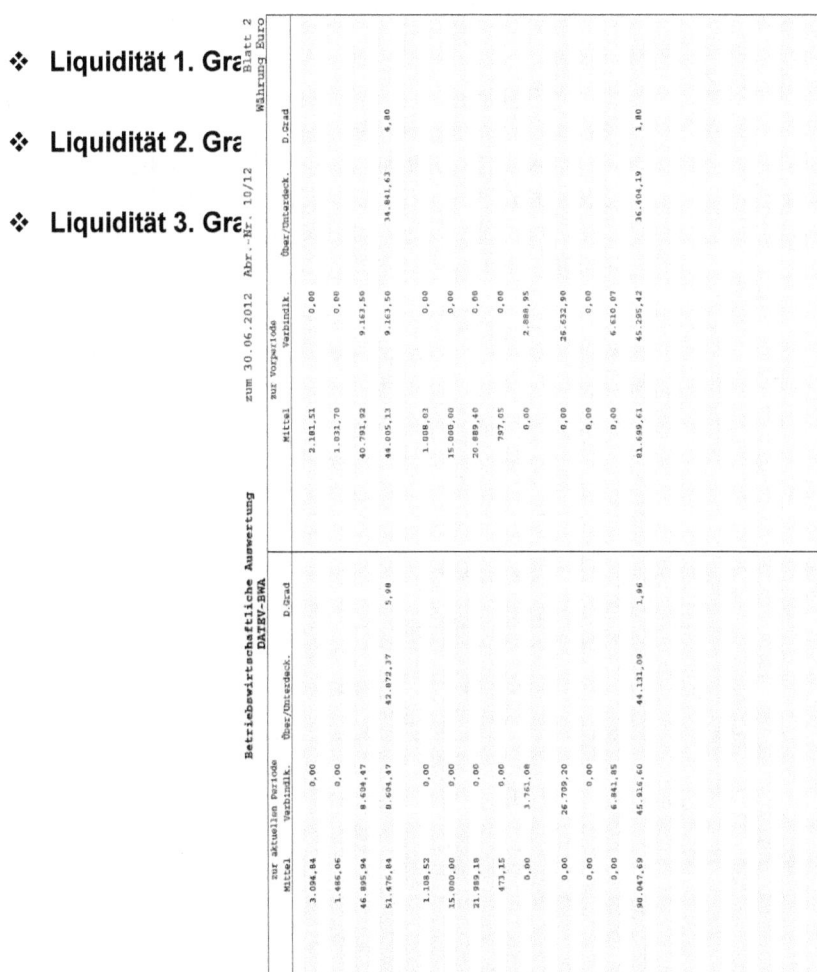

- **Liquidität 1. Grades (Barliquidität)**

Die Liquidität zeigt die kurzfristige Zahlungsfähigkeit. Sie stellt die flüssigen Mittel

(Kasse, Bank und Postbank, Sicht- und Termineinlagen) den kurzfristigen Verbindlichkeiten (Dispositionskredit und ähnliche) gegenüber.

Im Beispiel auf Seite 25 stehen dem Kontokorrentkredit über einen Betrag von 8.604,47 € liquide Barmittel von 51.7476,84 € gegenüber. Dies entspricht einem Deckungsbeitrag von 5,98. Im Vormonat waren die Barmittel mit 44.005,13 niedriger. Der Deckungsbeitrag mit 4,8 ebenfalls.

Statische Liquidität	Mittel	Verbindlic hkeiten	Über/Unter- deckung	Deckungsgra d
Kasse	3.094,84	0,00		
Postbank	1.486,06	0,00		
Bank	46.895,94	8.604,47		
Barliquidit ät	51.476,84	8.604,47	42.872,37	5,98

- **Liquidität 2. Grades**

  Diese Liquiditätsstufe zeigt die mittelfristige Zahlungsfähigkeit an. Barmittel und kurzfristige Forderungen bzw. kurzfristiges Umlaufvermögen stehen hier im Verhältnis zu den kurzfristigen Verbindlichkeiten. Im vorliegenden Beispiel sind die Vermögenswerte 1,96fach oder 44.131,09 Euro höher, als die Schulden.

- **Liquidität 3. Grades**

  Hier wird das gesamte Umlaufvermögen den kurzfristigen Verbindlichkeiten gegenübergestellt. Diese Liquiditätsstufe bedeutet demnach eine langfristige Zahlungsfähigkeit. Diese erweiterte Liquidität wird nur dann unterjährig ermittelt, wenn der monatliche Wareneinsatz genau festgestellt und gebucht wurde (DATEV-Kennziffern KG4 im SKR03 oder K50 im SKR04). In unserem Beispiel werden lediglich die Barliquidität und die Liquidität 2. Grades ausgewiesen.

Das Ergebnis solcher Berechnungen nennt man Deckungsgrad.

Der Deckungsgrad von 1 und höher muss nicht zu jedem Zeitpunkt angestrebt werden. Es kann auch darstellen, dass das Unternehmen z.B. aus wirtschaftlichen Erwägungen verstärkt Waren gekauft hat.

Nachdenklich sollte ein Liquiditätswert unter 1 stimmen, wenn die Unterschreitung wegen schlechter Zahlungsmoral der Kunden erfolgt. Hier ist eine Schritte zur Erhöhung der Liquidität einzuleiten.

Die Kennziffer als solche gibt daher nicht über die tatsächliche (dynamische) Form von Liquidität, sondern deren Entwicklung Aufschluss.

Verglichen werden sollte daher an Hand der Zahlen aus dem Vormonat und den Vorjahren. So kann man feststellen, ob die Liquidität sich verbessert hat und nach Abhilfe gesucht werden muss oder ob ein Überschuss barer Mittel vorhanden ist, der effektiv angelegt oder investiert werden kann.

28411/ Muster GmbH 400 Vergleichs-BWA 1

	Vergleichsmonat Juni	Vorjahr	Veränderung absolut	in %	kumuliert Jan-Jun	Vorjahr	Veränderung absolut
Umsatzerlöse	38.275,66	37.858,54	417,12	1,10	230.964,41	227.398,10	3.566,31
Bestandsverdg. FE/UE	101,81	0,00	101,81	**	308,31	0,00	308,31
Gesamtleistung	38.377,47	37.858,54	518,93	1,37	231.272,72	227.398,10	3.874,62
Mat./Wareneinkauf	20.324,90	19.102,37	1.222,53	6,40	119.957,60	125.479,23	-5.521,63
Rohertrag	18.052,57	18.756,17	703,60	-3,75	111.315,12	101.918,87	9.396,25
So. betr. Erlöse	1.513,69	709,36	804,33	113,39	5.023,15	4.083,34	939,81
Betriebl. Rohertrag	19.566,26	19.465,53	100,73	0,52	116.338,27	106.002,21	10.336,06
Kostenarten:							
Personalkosten	8.744,04	9.341,51	-597,47	-6,40	50.037,60	52.345,11	-2.307,51
Raumkosten	2.999,82	3.037,56	-37,74	-1,24	18.713,91	18.000,69	713,22
Betriebliche Steuern	216,60	119,23	97,37	81,67	1.060,37	736,22	324,13
Vers./Beiträge	291,68	288,04	-6,36	-2,21	1.790,57	1.723,28	67,29
Besondere Kosten	0,00	0,00	0,00	**	0,00	0,00	0,00
Kfz-Kosten (o. St.)	890,81	890,48	-9,67	-1,09	5.175,40	5.246,64	-71,24
Werbe-/Reisekosten	645,88	650,47	-4,59	-0,71	3.481,82	3.749,37	-267,55
Kosten Warenabgabe	72,46	79,10	-6,64	-8,39	463,91	446,04	17,87
Abschreibungen	1.396,94	1.418,49	-21,55	-1,52	8.977,85	8.434,35	543,50
Reparatur/Instandh.	138,44	131,57	6,87	5,22	1.141,71	1.133,65	8,06
Sonstige Kosten	1.216,44	1.228,91	-12,47	-1,01	7.772,65	7.288,03	484,02
Gesamtkosten	16.593,11	17.185,36	-592,25	-3,45	98.615,19	99.103,38	-488,19
Betriebsergebnis	2.973,15	2.280,17	692,98	30,39	17.723,09	6.898,83	10.824,25
Zinsaufwand	1.258,62	1.317,04	-58,42	-4,44	8.303,92	7.990,63	313,29
Übrige Steuern	35,20	41,00	-5,80	-14,15	266,86	226,30	40,56
Sonst. neutr. Aufw.	47,44	48,51	-1,07	-2,21	289,82	281,19	8,63
Neutr. Aufwand ges.	1.341,26	1.406,55	-65,29	-4,64	8.860,60	8.498,12	362,48
Zinserträge	179,43	143,59	35,83	24,95	950,04	864,35	85,69
Sonst. neutr. Ertr.	118,72	16,08	102,64	638,31	461,69	94,65	367,04
Verr. kalk. Kosten	3.060,73	3.119,85	-59,12	-1,89	17.574,45	18.132,12	-557,46

7. Vergleichsrechnungen

7.1 Wie entwickelt sich ein Unternehmen im Vergleich zum Vormonat?

Eine Vergleichsrechnung liegt vor, wenn gleichartige Größen, die in unterschiedlichen Perioden in Beziehung zueinander gestellt werden. Weil absolute Maßstäbe für wirtschaftliches Handeln fehlen, sind Erkenntnisse darüber nur durch Vergleichsrechnung zu gewinnen. Folglich ist das gesamte Rechnungswesen nur dann aussagefähig, wenn es in eine Vergleichsrechnung einmündet.

● ● ●

Die Vergleichs BWA (400 Vergleichs BWA Blatt 4) auf Seite 28 unterscheidet sich dem Grundsatz nach nicht vom Aufbau der Kurzfristigen Erfolgsrechnung. Auch hier finden sich die zusammengefassten Erfolgs- und Aufwandskonten mit den Salden des Abrechnungsmonats und den dazugehörenden Beträgen aus der Kostenstatistik I wieder.

In der Kostenstatistik II dienen die ausgewerteten Monatszahlen nunmehr als Vergleichswerte.

Die monatlichen Beträge werden mit den monatlichen Vorjahreswerten verglichen und die Abweichungen dargestellt:

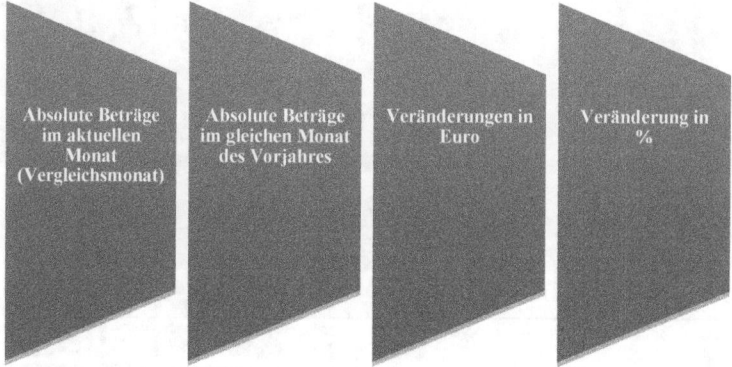

| Absolute Beträge im aktuellen Monat (Vergleichsmonat) | Absolute Beträge im gleichen Monat des Vorjahres | Veränderungen in Euro | Veränderung in % |

Im rechten Block wie aus der Abbildung von Seite 25 zu entnehmen ist, wird die Auswertung mit den kumulierten Zahlen wiederholt.

Im Vorjahresvergleich können längerfristige Tendenzen ohne Verzerrung durch saisonale Einflüsse erkannt werden. Erhebliche prozentuale Veränderungen fallen sofort dem Betrachter auf. Es bleibt abzuklären, ob gestiegene Kosten mit den Erlösen Schritt halten, außergewöhnliche oder einmalige Ereignisse die Statistik verfälschen.

● ● ●

In dem Beispiel von Seite 25 zeichnet sich im Abrechnungsmonat Juni 2012 ein um 20,17% besseres, wenn auch vorläufiges Ergebnis als im Juni 2012 ab.

Bei den kumulierten Werten kann man eine Steigerung des Rohertrages gegenüber dem Vorjahr um 9,75% feststellen. Der Wareneinsatz viel aber um 4,40% geringer aus und die Umsätze waren 1,57% höher, als im Vorjahr.

7.2 Der Vergleich der Planvorgabe mit den IST-Zahlen (Controlling)

Zu einem effizienten Controlling gehört der Prozess des Planens, d.h. das Festlegen von Soll-Zahlen. Erst der Vergleich dieser Planvorgaben mit den im laufenden Betrieb anfallenden Ist-Zahlen ermöglicht es, rechtzeitig steuernde Maßnahmen einzuleiten.

Voraussetzung für das Festlegen der Soll-Größen sind die Projektdefinition und die Projektstruktur mit den dazugehörigen Verträgen und Planungsleistungen.

Auch hier wieder eine Analyse auf Grundlage eines Beispiels Anhand der Vergleichs-BWA der Muster GmbH auf der nachfolgenden Seite.

	Vergleichsmonat Juni	Vorgabe	Veränderung absolut	in %	kumuliert Jan-Jun	Vorgabe Jan-Jun	Veränderung absolut
Umsatzerlöse	38.275,66	38.000,00	275,66	0,73	230.964,41	228.000,00	2.964,41
best.verdg.unf.	101,81	0,00	101,81	**	308,31	0,00	308,31
Gesamtleistung	38.377,47	38.000,00	377,47	0,99	231.272,72	228.000,00	3.272,72
Mat./Wareneinkauf	20.324,90	21.000,00	-675,10	-3,21	119.957,60	126.000,00	-6.042,40
Rohertrag	18.052,57	17.000,00	1.052,57	6,19	111.315,12	102.000,00	9.315,12
So. betr. Erlöse	1.513,69	500,00	1.013,69	202,74	5.023,15	3.000,00	2.023,15
Betriebl. Rohertrag	19.566,26	17.500,00	2.066,26	11,81	116.338,27	105.000,00	11.338,27
Kostenarten (o.T.)							
Personalkosten	8.744,04	8.000,00	744,04	9,30	50.037,60	48.000,00	2.037,60
Raumkosten	2.999,82	3.000,00	-0,18	-0,01	18.713,91	18.000,00	713,91
Betriebliche Steuern	216,60	200,00	16,60	8,30	1.060,37	1.200,00	-139,63
Vers./Beiträge	281,68	300,00	-18,32	-6,11	1.790,57	1.800,00	-9,43
Besondere Kosten	0,00	0,00	0,00	**	0,00	0,00	0,00
Kfz-Kosten (o. St.)	880,81	1.000,00	-119,19	-11,92	5.175,40	6.000,00	-824,60
Werbe-/Reisekosten	645,88	600,00	45,88	7,65	3.481,82	3.600,00	-118,18
Kosten Warenabgabe	72,46	0,00	72,46	**	463,91	0,00	463,91
Abschreibungen	1.396,94	1.500,00	-103,06	-6,87	8.977,85	9.000,00	-22,15
Reparatur/Instandh.	138,44	100,00	38,44	38,44	1.141,71	600,00	541,71
Sonstige Kosten	1.216,44	1.000,00	216,44	21,64	7.772,05	6.000,00	1.772,05
Gesamtkosten	16.593,11	15.700,00	893,11	5,69	98.615,19	94.200,00	4.415,19
Betriebsergebnis	2.973,15	1.800,00	1.173,15	65,18	17.723,08	10.800,00	6.923,08
Zinsaufwand	1.258,62	1.000,00	258,62	25,86	8.303,92	6.000,00	2.303,92
Übrige Steuern	35,20	0,00	35,20	**	266,86	0,00	266,86
Sonst. Neutr. Auw.	47,44	0,00	47,44	**	289,82	0,00	289,82
Neutr. Aufwand ges.	1.341,26	1.000,00	341,26	34,13	8.860,60	6.000,00	2.860,60
Zinserträge	179,42	0,00	179,42	**	950,04	0,00	950,04
Sonst. neutr. Ertr.	118,72	0,00	118,72	**	461,69	0,00	461,69
Verr. kalk. Kosten	3.060,73	3.000,00	60,73	2,02	17.574,45	18.000,00	-425,55

7.3 Analyse der Vergleichs-BWA-Planvorgabe

In der Kostenstatistik II (Blatt 5 – 400 Vergleichs-BWA auf Seite 31) bietet die DATEV neben dem Vorjahresvergleich einen weiteren Vergleich mit Planwerten an. Diese können jährlich oder im Rahmen einer Planungsrechnung monatlich neu eingeben und ausgewertet werden.

In der linken Zahlenspalte stehen die tatsächlichen Werte aus der Monatsbuchhaltung. Es folgen die Planzahlen und die absoluten und prozentualen Abweichungen. Die kumulierten Werte stehen im linken Block.

● ● ●

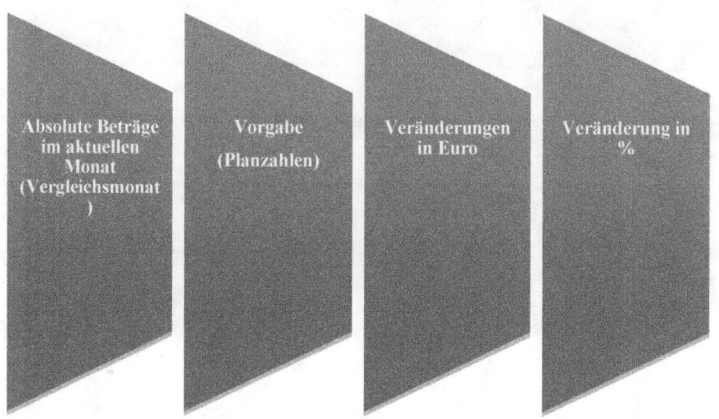

Dem Auswertungsbeispiel kann man entnehmen, dass das Betriebsergebnis in den ersten drei Monaten um durchschnittlich 64,10% höher ausfällt, als im Plan vorgegeben.

Aus dem Beispiel sind lediglich die Abweichungen, nicht aber die Gründe zu erkennen. Eine Analyse der Ursachen empfiehlt sich daher besonders bei hohen Abweichungen.

Um den Plan-Vergleich als Controlling Instrument nutzen zu können, ist die Abgrenzung der Kosten und Erlöse erforderlich. Das betrifft sowohl die IST-, als auch die Soll-Zahlen.

Hierzu ein Beispiel:

Anhand der Vorjahreszahlen und Schätzungen der Neuinvestition wurden monatliche Abschreibungen von

● ● ●

1.500,00 Euro vorgegeben. Bei den gebuchten Abschreibungen von 1.396,94 Euro handelt es sich um 1/12 der Jahres-AfA des Altinventars.

Folgende Überlegungen sind daher hinsichtlich der Abgrenzung einzubeziehen:

- Buchwertabgänge (Abgänge im Anlagevermögen) sind innerhalb der sonstigen Aufwendungen und gegebenenfalls sonstigen Erlöse (Verkaufserlöse) zu berücksichtigen. Die anteilige AfA wird nach dem Abgangsmonat nicht weitergeführt.

- Für Neuzugänge sind die Jahresabschreibungen zu ermitteln und auf die verbleibenden Monate zu verteilen.

8. Der Betriebswirtschaftliche Kurzbericht

Diese Auswertung Ihrer Monatsbuchhaltung entspricht in komprimierter Form der bereits vorgestellten Erfolgsrechnung. Auch hier werden die Zahlen sowohl monatlich, als auch kumuliert ausgewiesen. Ebenfalls sind Vergleiche mit dem Vorjahreszeiträumen möglich.

Hierbei werden folgende Gruppen gebildet:

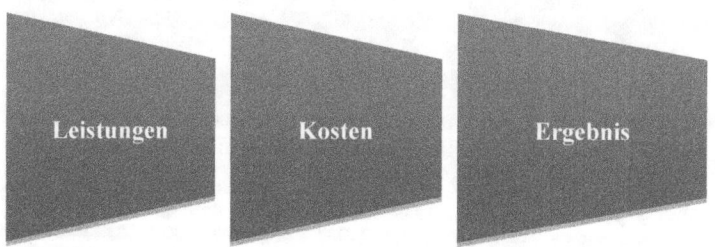

In unserem Beispiel auf der Folgeseite werden die Monatszahlen des aktuellen Jahres mit den Daten des Vorjahres verglichen. Als Kennziffern enthält das Beispiel die Umsatzrentabilität und die Handelsspanne.

Betriebswirtschaftlicher Kurzbericht

per 30.06.2012

für Muster GmbH, Musterstadt

Berichtspositionen	Juni 2012 in Euro	Juni 2011 in Euro	Veränderung in Euro	Abweichung In %
Leistung				
Umsatzerlöse	38.275,66	37.858,54	417,12	1,10
Bestandsveränderungen	101,81	0,00	101,81	**
Gesamtleistung	38.377,47	37.858,54	518,93	1,37
Mat./Wareneinkauf	20.324,90	19.102,37	1.222,53	6,40
Rohertrag	18.052,57	18.756,17	-703,60	-3,75
Sonstige betriebliche Erlöse	1.513,69	709,36	804,33	113,39
Kosten				
Personal	8.744,04	9.341,51	-597,47	-6,40
Abschreibungen	1.396,94	1.418,49	-21,55	-1,52
sonstige	6.452,13	6.425,36	26,77	0,42
Gesamtkosten	16.593,11	17.185,36	-592,25	-3,45
Ergebnis				
Betriebsergebnis	2.973,15	2.280,17	692,98	30,39
Neutrales Ergebnis	2.017,61	1.872,97	144,64	7,72
Vorläufiges Ergebnis	4.990,76	4.153,14	837,62	20,17

Umsatzrentabilität	- das vorläufige Ergebnis beträgt	im Juni 2012	13,00 %
	der Gesamtleistung	im Juni 2011	10,97 %
Handelsspanne	- der Rohertrag entspricht	im Juni 2012	47,04 %
	der Gesamtleistung	im Juni 2011	49,54 %

Das vorläufige Ergebnis entspricht dem derzeitigen Stand der Buchhaltung.
Abschluss-/Abgrenzungsbuchungen können noch es noch verändern.
Umrechnungsdifferenzen bei Vorjahreswerten möglich.

Beispiel - Betriebswirtschaftlicher Kurzbericht Blatt 1

● ● ●

Betriebswirtschaftlicher
Kurzbericht

per 30.06.2012

für Muster GmbH, Musterstadt

Berichtspositionen	Jan-Jun 2012 in Euro	Jan-Jun 2011 in Euro	Veränderung in Euro	Abweichung In %
Leistung				
Umsatzerlöse	230.964,41	227.398,10	3.566,31	1,57
Bestandsveränderungen	308,31	0,00	308,31	**
Gesamtleistung	231.272,72	227.398,10	3.874,62	1,70
Mat./Wareneinkauf	119.957,60	125.479,23	-5.521,63	-4,40
Rohertrag	111.315,12	101.918,87	9.396,25	9,22
Sonstige betriebliche Erlöse	5.023,15	4.083,34	939,81	23,02
Kosten				
Personal	50.037,60	52.345,11	-2.307,51	-4,41
Abschreibungen	8.977,85	8.434,35	543,50	6,44
sonstige	39.599,74	38.323,92	1.275,82	3,33
Gesamtkosten	98.615,19	99.103,38	-488,19	-0,49
Ergebnis				
Betriebsergebnis	17.723,08	6.898,83	10.824,25	156,90
Neutrales Ergebnis	10.125,58	10.593,01	-467,43	-4,41
Vorläufiges Ergebnis	27.848,66	17.491,84	10.356,82	59,21

Umsatzrentabilität	- das vorläufige Ergebnis beträgt	von Jan-Jun 2012	12,04 %
	der Gesamtleistung	von Jan-Jun 2011	7,69 %
Handelsspanne	- der Rohertrag entspricht	von Jan-Jun 2012	48,13 %
	der Gesamtleistung	von Jan-Jun 2011	44,82 %

Das vorläufige Ergebnis entspricht dem derzeitigen Stand der Buchhaltung.
Abschluss-/Abgrenzungsbuchungen können noch es noch verändern.
Umrechnungsdifferenzen bei Vorjahreswerten möglich.

Beispiel - Betriebswirtschaftlicher Kurzbericht Blatt 2

• • •

9. Zusatzauswertungen

Die DATEV bietet noch weitere fünf verschiedene Auswertungen an. Diesen Zusatzauswertungen liegt jeweils der Zeilenaufbau einer Erfolgsrechnung mit den aktuellen Monatswerten zugrunde.

9.1 Jahresübersicht über das komplette Wirtschaftsjahr

In der Jahresübersicht wird das komplette Wirtschaftsjahr dargestellt, d.h. man sieht die Werte eines jeden Monats des laufenden Jahres. Je Blatt sind bis zu 6 Monate sowie die kumulierten Werte dargestellt.

9.2 Entwicklungsübersicht der letzten 12 Monate

Auf einem Blatt werden die Werte der vergangenen zwölf Monate dargestellt. Im Gegensatz zur Jahresübersicht auch zurückgreifend auf das alte Jahr.

9.3 Vergleichsanalyse der letzten zwei Monate mit dem Vorjahr

Diese Variante der BWA entspricht der Vergleichs-BWA mit dem Unterschied, dass jeweils die IST-Daten zweier Monate mit den entsprechenden IST-Daten der Vorjahresmonate verglichen werden.

● ● ●

Die absoluten sowie die prozentualen Veränderungen werden für den Monat mit den höchsten Werten ausgegeben. Auf der rechten Seite findet man zusätzlich die durchschnittlichen Monatswerte der beiden betrachteten Rumpfwirtschaftsjahre.

Beispiele für Entwicklungsübersichten

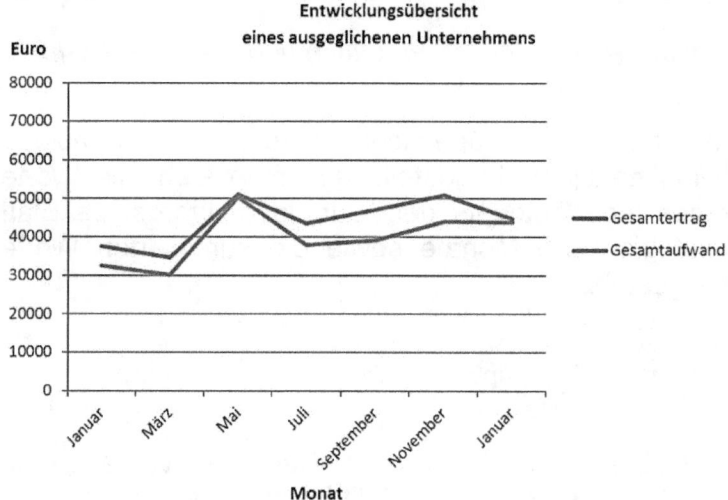

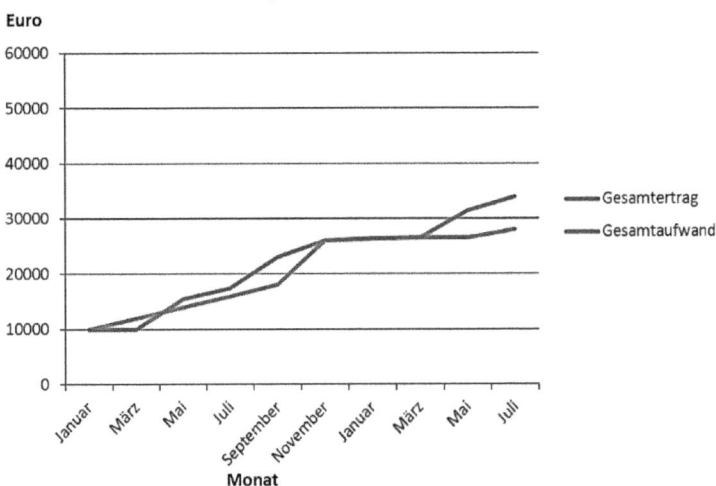

Entwicklungsübersicht eines gleichmäßig wachsenden Unternehmens
mit Wachstumsschwellen

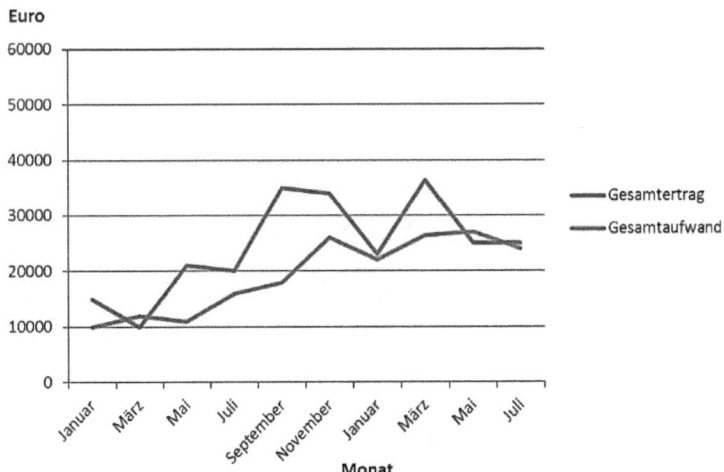

Entwicklungsübersicht eines unruhig wachsenden Unternehmens

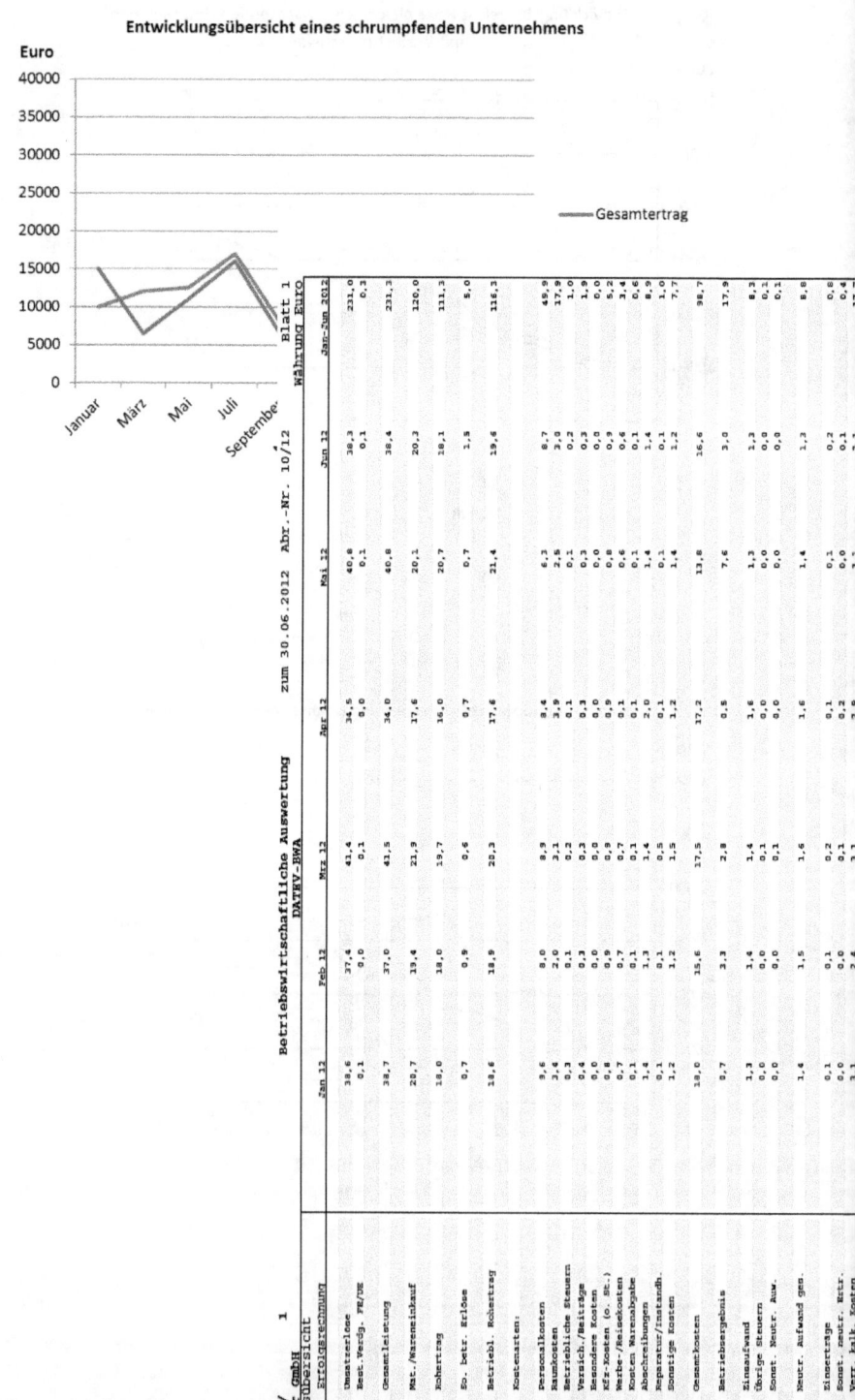

Entwicklungsübersicht eines schrumpfenden Unternehmens

128411/   1
Muster GmbH
Jahresübersicht
Kfr. Erfolgsrechnung

Betriebswirtschaftliche Auswertung   zum 30.06.2012   Abr.-Nr. 10/12
DATEV-BWA

Blatt 1
Währung Euro

	Jan 12	Feb 12	Mrz 12	Apr 12	Mai 12	Jun 12	Jan-Jun 2012
Umsatzerlöse	38,6	37,4	41,4	34,5	40,8	38,3	231,0
Best. Verdg. FE/UE	0,1	0,0	0,1	0,1	0,1	0,1	0,3
Gesamtleistung	38,7	37,0	41,5	34,0	40,8	38,4	231,3
Mat./Wareneinkauf	20,7	13,4	21,9	17,6	20,1	20,3	120,0
Rohertrag	18,0	18,0	19,7	16,0	20,7	18,1	111,3
So. betr. Erlöse	0,7	0,9	0,6	0,7	0,7	1,5	5,0
Betriebl. Rohertrag	18,6	18,9	20,3	17,6	21,4	19,6	116,3
Kostenarten:							
Personalkosten	9,6	8,0	8,9	8,4	6,1	8,7	49,9
Raumkosten	3,4	2,0	3,1	3,9	2,6	3,0	17,9
Betriebliche Steuern	0,3	0,1	0,2	0,1	0,1	0,2	1,0
Versich./Beiträge	0,4	0,3	0,3	0,3	0,3	0,3	1,9
Besondere Kosten	0,0	0,0	0,0	0,0	0,0	0,0	0,0
Kfz-Kosten (o. St.)	0,8	0,9	0,9	0,9	0,9	0,9	5,2
Werbe-/Reisekosten	0,7	0,7	0,7	0,1	0,6	0,6	3,4
Kosten Warenabgabe	0,1	0,1	0,1	0,1	0,1	0,1	0,6
Abschreibungen	1,4	1,3	1,4	2,0	1,4	1,4	8,9
Reparatur/Instandh.	0,1	0,1	0,5	0,1	0,1	0,1	1,0
Sonstige Kosten	1,2	1,2	1,5	1,2	1,4	1,2	7,7
Gesamtkosten	18,0	15,6	17,5	17,2	13,8	16,6	98,7
Betriebsergebnis	0,7	3,3	2,8	0,5	7,6	3,0	17,9
Zinsaufwand	1,3	1,4	1,4	1,6	1,3	1,3	8,3
Übrige Steuern	0,0	0,0	0,1	0,0	0,0	0,0	0,1
Sonst. Neutr. Auw.	0,0	0,0	0,1	0,0	0,0	0,0	0,1
Neutr. Aufwand ges.	1,4	1,5	1,6	1,6	1,4	1,3	8,6
Einserträge	0,1	0,1	0,2	0,1	0,1	0,2	0,8
Sonst. neutr. Ertr.	0,0	0,0	0,1	0,2	0,0	0,1	0,4
Verr. kalk. Konten	3,1	2,6	3,1	1,9			

Vergleichsanalyse der letzten zwei Monate mit der Planvorgabe

Auch hier werden jeweils zwei Monate miteinander verglichen. Anstelle der Vorjahreswerte werden die Planzahlen zur Analyse verwendet.

9.4 3-Jahres-Vergleich

In dieser Auswertung werden die kumulierten und monatlichen Werte des laufenden Jahres, des Vorjahres und des Jahres davor miteinander verglichen.

9.5 Prognose-BWA – Trends erkennen

Auf der Basis der IST-Daten werden in der Prognose BWA die wesentlichen Leistungen und Kosten für bis zu 12 Monaten fortgeschrieben und in einer sogenannten Wirtschaftsjahresübersicht dargestellt.

Für die kumulierten Prognosewerte des gesamten Wirtschaftsjahres sind die prozentualen Abweichungen zum Vorjahr aufgeführt. Andere Prognose-BWAs zeigen die Entwicklung für die folgenden zwölf Monaten auch auf das neue Wirtschaftsjahr übergreifend.

9.6 Einnahmen-Ausgaben-BWA

Diese Form der BWA ist für Unternehmen gedacht, die ihren Gewinn gemäß § 4 Abs. 3 EStG durch Einnahme-Überschuss-Rechnung ermitteln (Kleinunternehmen, Freiberufler u.a.).

Durch die Besonderheiten der Gewinnermittlung hat der Ausweis des Rohertrages oder der Bestandsveränderung kaum Sinn.

Umso mehr aber folgende Positionen:

- Vereinnahmte und erstattete Umsatzsteuer (diese werden den Betriebseinnahmen zugerechnet)
- Nach- oder Vorauszahlungen an Umsatzsteuer Buchwertabgänge
- Forderungen und Verbindlichkeiten

9.7 Kapitaldienstgrenze-BWA

Unter Kapitaldienstgrenze versteht man wie viel Fremdkapital und damit verbundene Tilgungsbelastungen ein Unternehmen erwirtschaften kann. In dieser speziellen BWA sind demnach finanz- und kreditwirtschaftliche Zahlen abgebildet. Die Kapitaldienstgrenze zeigt das Limit an, bis zu dem ein Unternehmen zum Kapitaldienst fähig ist.

Es wird vom Cash-Flow als Betriebsergebnis ausgegangen. Dabei finden keine Berücksichtigung von Abschreibungen, anstelle dessen jedoch der Zinsaufwand und die Einlagen statt. Entnahmen und Ersatzinvestitionen werden jedoch in Abzug gebracht. Im Fall einer Kreditneuvergabe ist die noch nicht ausgeschöpfte Kapitaldienstgrenze zu berücksichtigen. Banken werden daher bestehende Zahlungsverpflichtungen von der Kapitaldienstgrenze in Abzug bringen. An dem verbleibenden Differenzbetrag werden Zinszahlungen und Tilgung ausgerichtet.

● ● ●

Aus dem vorliegenden Muster ergibt sich eine positive Kapitaldienstgrenze. Eine Kreditzusage ist anzunehmen. Die Kapitaldienstgrenze von 42.301,39 Euro ist auf Eigenmittelerhöhung von 41.725,00 Euro zurückzuführen.

9.8 Gesamtkostenverfahren-BWA

Diese BWA ähnelt der Kurzfristigen Erfolgsrechnung aus der Standart-BWA. Gestaffelt sind Erträge und Aufwendungen nach den finanziellen, betrieblichen und außerordentlichen Bereichen gelistet.

9.9 BWA-Report

Bei diesem Report stehen am Anfang Erläuterungen zum Betriebsergebnis. Die Zahlenkolonen und Kennziffern werden jeweils mit Text erläutert. Die bis dahin ausgewiesenen Jahreswerte werden in Beziehung zum Vorjahr gestellt und analysiert. Wesentliche Größen sind dabei in einer Tabelle vorangestellt:

Gesamtleistung

./.Wareneinsatz

+sonstige betriebliche Erträge

=betrieblicher Rohertrag

./. Gesamtkosten

= Betriebsergebnis

● ● ●

Nachfolgend werden die Veränderungen zu den Vorjahreswerten kumuliert. Es erfolgt die Darstellung, inwieweit die Minderung oder Erhöhung einer einzelnen Position Auswirkungen auf das Betriebsergebnis bzw. den Rohertrag hatte.

Anschließend sind die jeweiligen Positionen Gesamtkosten und Gesamtleistung aufgegliedert. Bei dem Analysieren der Gesamtkosten finden einerseits die wichtigsten Kosten Beachtung, anderseits auch jene Kostenarten, die sich gegenläufig zu den Gesamtkosten verhalten.

Zum Abschluss des BWA-Reports wird das vorläufige Ergebnis erläutert. Es wird dargestellt, inwiefern hierzu der betriebliche oder neutrale Bereich beiträgt und welche Änderungen sich zum Vorjahreszeitraum ergeben haben.

10. Branchenlösungen

Neben den Standartlösungen bietet die DATEV auch Betriebswirtschaftliche Auswertungen in abweichender Gliederung und zugeschnitten für bestimmte Berufsgruppen, Branchen und Großunternehmen an.

An dieser Stelle daher hier drei der größten Branchen und deren Besonderheiten:

10.1 BWA im Einzelhandel

Diese Betriebswirtschaftlichen Auswertungen weisen spezielle Kennziffern für den Einzelhandel aus. Diese sind von der Betriebswirtschaftlichen Beratungsstelle für den Einzelhandel in Köln (kurz: BBE) entwickelt worden.

Acht betriebswirtschaftliche Analysen werden aufgrund der Buchungszahlen ausgewiesen. Für einige Kennziffern sind zusätzliche Werte einzugeben, wie zum Beispiel: Anzahl der Verkaufskräfte und Barkunden, Größe der Geschäfts- bzw. Verkaufsräume.

Die Analysen sind im Einzelnen:

1. Die Umsatzanalyse

   Sie bietet einen Überblick über den Umsatzverlauf an den Verkaufstagen, die Entwicklung der Kundenzahlen und den durchschnittlichen Umsatz je Kunde.

2. Die Personalanalyse

   Je Verkaufskraft werden die durchschnittlichen Umsätze, die Anzahl der Kunden, und die Kosten der Angestellten angezeigt.

● ● ●

3. Die Raumleistungsanalyse

Sie gibt die Kosten- und Umsatzzahlen je Quadratmeter Geschäfts- und Verkaufsräume an.

4. Die Kostenanalyse

Mit ihr hat man den Überblick über die einzelnen Kostenentwicklungen.

5. Die Ertragsanalyse

Sie entspricht einer Kurzfristigen Erfolgsrechnung mit dem Ausweis von Umsätzen und Wareneinsatz, den Personalkosten, den Gesamtkosten und dem vorläufigen Betriebsergebnis.

6. Die Deckungsgrad-Analyse

Bei ihr werden die kurzfristigen Zahlungsverpflichtungen den liquiden Mitteln gegenübergestellt.

7. Die Liquiditätsanalyse

Diese Analyse überwacht Zahlungsziele, um die Liquidität des Unternehmens zu jedem Zeitpunkt zu gewährleisten.

8. Die Warenbewegungs-Analyse

Bei ihr wird zwischen Plan- und IST-Umsatz und Plan- und IST Einkauf verglichen.

10.2 BWA im Handwerk

Das besondere bei dieser Betriebswirtschaftlichen Auswertung ist die Aufgliederung der für den

● ● ●

Handwerksbetrieb typischen Kosten und Erlöse in die Bereiche Handwerk und Handel.

Die Auswertung besteht aus einer Bewegungsbilanz, einer Kurzfristigen Erfolgsrechnung und der Statischen Liquidität.

10.3 BWA im Hotel- und Gaststättengewerbe

Diese Betriebswirtschaftlichen Auswertungen wurden in Zusammenarbeit mit dem Verband des Deutschen Hotel- und Gaststättengewerbes (kurz: DeHoGa) entwickelt.

Sie bestehen aus einer Erfolgsrechnung und einer Liquiditätsberechnung.

Die Umsätze und Warenkosten sind branchentypisch aufschlüsselt und erlauben so den Ausweis differenzierter Roherträge und Aufschläge für Getränke und Speisen.

Durch die Eingabe von statischen Werten weist die Kennziffernanalyse zusätzliche Daten zur Auslastung von Betten und Sitzplätzen im Verhältnis der Personalkosten und Umsätze aus.

11. Nachbereitung

11.1 Konsolidierung

Unter diesem Begriff versteht man in Zusammenhang mit der Betriebswirtschaftlichen Auswertung die Zusammenfassung der Monatsbuchhaltung von mehreren Unternehmen, auch wenn diese von verschiedenen Steuerberatern betreut werden. Beispielsweise lassen sich so betriebliche Kontenwerte von Filialbetriebe unter einer einzigen Mandantennummer konsolidieren.

Der Aufbau einer konsolidierten BWA entspricht dem einer Grundauswertung wie für die Kurzfristige Erfolgsrechnung, die Bewegungsbilanz, die Statische Liquidität und die Vergleich BWA. Man behält somit den Überblick über das gesamte Unternehmen.

11.2 Banken und Unternehmen

Die Geschäftsbeziehung zwischen Bank und Unternehmen basiert auf eine gute Vermögens- und Ertragslage, sowie der Bonität und das Engagement des Unternehmers. Zur Prüfung bestehender Kredite genügen zumeist die letzten drei Bilanzen. Für einen neuen Kredit benötigt die Bank jedoch aktuelle Zahlen.

In §18 KWG (Kreditwesengesetz) heißt es sogar: *„Ein Kreditinstitut darf einen Kredit, der insgesamt 750.000 Euro oder 10 vom Hundert des haftenden Eigenkapitals des Instituts überschreitet, nur gewähren, wenn es sich von dem Kreditnehmer die wirtschaftlichen Verhältnisse, insbesondere durch Vorlage der Jahresabschlüsse, offen legen lässt.“*

• • •

Neben einem Investitions- und Finanzplan, welche in das Finanzierungsvorhaben eingebunden sind, wird daher auch regelmäßig die Vorlage der letzten BWA eingefordert.

Mit einer aktuellen und aussagekräftigen BWA zeigt ein Unternehmer auch, dass das Finanz- und Rechnungswesen funktionsfähig ist und das Unternehmen unter betriebswirtschaftlichen Aspekten geführt wird.

- Die BWA sollte daher nicht älter als 1,5 Monate sein. Dieser Zeitrahmen entspricht der Abgabefrist von Umsatzsteuervoranmeldung und Dauerfristverlängerung. Ansonsten wäre anzunehmen, dass es regelmäßig zu Schätzungen und Säumniszuschläge kommt, was von einer Bank negativ gewertet wird.

- Nur der tatsächliche Wareneinsatz sollte erfasst werden, da es ansonsten zu Verzerrungen der monatlichen Ergebnisse kommt.

Ein Beispiel:

Methode:	Wareneinsatz = Wareneinkauf	Tatsächlicher Waren- einsatz (Schätzwert)	2/3 vom Umsatz (Handelsspanne basierend auf Vorjahreswerte)
Umsatzerlöse	90.000,00	90.000,00	90.000,00
- Wareneinsatz	80.000,00	45.000,00	60.000,00
-Kosten	30.000,00	30.000,00	30.000,00
=Ergebnis	-20.000,00	+15.000,00	0

● ● ●

Der Schreibwarenhändler Müller will für das folgende Weihnachtsgeschäft den Warenbestand vergrößern. Er Waren auf Ziel zu einem Einkaufspreis von 80.000,00 Euro. Er benötigt weiterhin einen Kredit in Höhe von 50.000,00 Euro. Abhängig von der Methode, der für den Wareneinsatz zum Tragen kommt, weist seine BWA unterschiedliche Ergebnisse aus:

(Angaben in Euro)

Es ist ersichtlich, dass der Unternehmer Müller bei der ersten Methode „Wareneinsatz=Wareneinkauf" das schlechteste Ergebnis erzielt.

Durch den Zielkauf für das Weihnachtsgeschäft wird er durch die Buchhaltungssoftware mit einem „Verlust" abgestraft. Eine solche BWA sollte er der Bank nicht vorlegen.

Daher gilt:

- Buchen Sie kalkulatorische Abschreibungen ein. Diese verschlechtern zwar im ersten Moment das vorläufige Ergebnis, aber Banken würden dies ohnehin nachholen. Möglicherweise mit unzutreffenden Beträgen. Unliebsame Überraschungen bei einer Gesamtabschreibung am Jahresende werden so vermieden. Banken sehen so, dass die Ertragslage des Unternehmens auch unterjährig realistisch eingeschätzt wird.

- Buchen Sie keine weiteren kalkulatorischen Kosten.

• • •

Auswertungsprogramme der Banken berücksichtigen u.a. bei Einzelunternehmen einen kalkulatorischen Unternehmerlohn, um diesen mit Geschäftsführende Gesellschafter von Kapitalgesellschaften gleich zu stellen. Wenn Sie also den Unternehmerlohn berücksichtigen, so muss die Bank diesen wieder herausrechnen, was mit Mühen verbunden ist. Schlimmstenfalls wird er übersehen und der zweifache Unternehmerlohne drückt das Ergebnis erheblich. Daher sollten auch keine kalkulatorischen Zinsen, Mieten, Wagnisse und dergleichen erfasst werden.

- Reichen Sie der Bank nur eine solche Betriebswirtschaftliche Auswertung ein, die der späteren Gewinn- und Verlustrechnung entspricht. Es sollten also sämtlich relevante Kosten inkl. der Abschreibung enthalten sein.

Die drei wichtigsten Kennziffern der Bank:

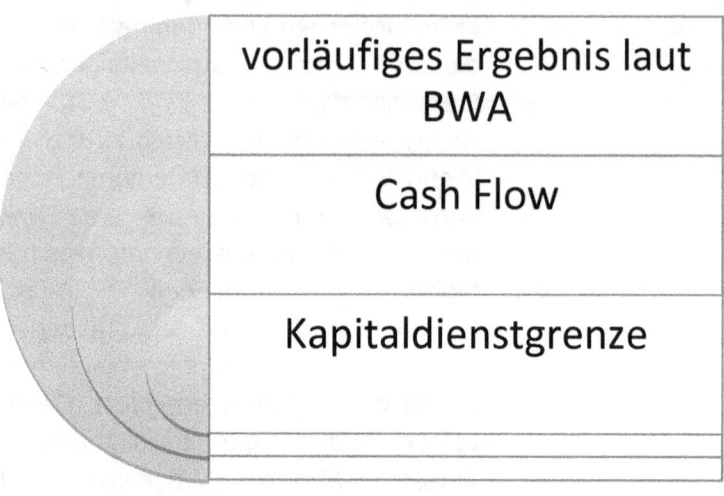

| vorläufiges Ergebnis laut BWA |
| Cash Flow |
| Kapitaldienstgrenze |

11.3 Cash Flow

> **Der Cashflow, auch Kassenzufluss genannt, ist eine wirtschaftliche Größe, die den aus einem Unternehmen erzielten Zufluss liquider Mittel während einer Periode darstellt.**

Er ist eine Kenngröße eines Unternehmens für:

- das Innenfinanzierungspotential
- die Zahlungsfähigkeit
- das Schuldentilgungspotential

• • •

Bei der Berechnung des Cash Flow gilt allgemein folgende grundsätzliche Überlegung: Der in der Gewinn- und Verlustrechnung ausgewiesene Jahresfehlbetrag/-überschuss wird buchhalterisch als Saldo zwischen Erträgen und Aufwendungen ermittelt.

Zur Berechnung des Cash Flow dient folgender, allgemeiner Rechenweg:

Jahresüberschuss laut Bilanzübersicht (GuV)

+ Aufwendungen, die nicht zu Ausgaben geführt haben

- Erträge, die nicht zu Einnahmen führten

= Cash Flow (Kassenzufluss)

Hinweise:

Aufwendungen, die nicht zu Ausgaben geführt haben,

sind insbesondere Abschreibungen auf Anlage- und Umlaufvermögen. Durch die Buchung als Aufwand wird zwar die Wertminderung erfasst, sie führt aber nicht gleichzeitig im Berichtsjahr zu Ausgaben. Ähnliches trifft auch auf die Erhöhung langfristiger Rückstellung (zum Beispiel für Pensionen und ähnliche Verpflichtungen). Solche haben zwar den Charakter von Fremdkapital. Diese Mittel stehen den Unternehmen aber langfristig zur Verfügung. Weiterhin können als Aufwand gebuchte Minderbestände an fertigen und unfertigen Erzeugnissen

● ● ●

berücksichtigt werden, da sie im Berichtsjahr nicht zu Ausgaben geführt haben.

Erträge, die nicht zu Einnahmen geführt haben,

sind Beispielsweise Verminderungen langfristiger Rückstellung durch Auflösung von Pensionsrückstellungen. Auch Mehrbestände an Erzeugnissen werden zwar als Erträge gebucht, ihnen stehen jedoch im Berichtsjahr keine Einnahmen gegenüber.

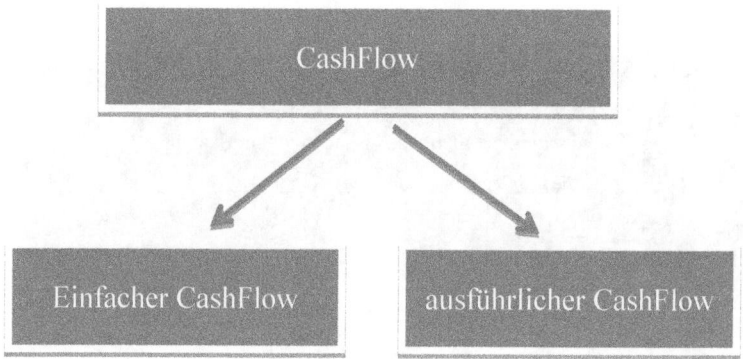

Einfacher Cash Flow

Besonders im Mittelstand wird der Cash Flow oft in der einfachen Form wie folgt berechnet:

	Jahresüberschuss/Jahresfehlbetrag lt. GuV
+	Abschreibungen
=	Cash Flow (Kassenzufluss)

Beispiel:

Bei dem Maschinenbauunternehmen „Muster GmbH"
beträgt der CashFlow

$$142.000,00 € \text{ (Jahresüberschuss)}$$
$$+\ 74.100,00 € \text{ (Abschreibungen)}$$
$$=\ 216.100,00 €$$

Diese erwirtschafteten Mittel stehen dem Unternehmen zum
Beispiel für Investitionen oder Schuldentilgung zur
Verfügung.

Ausführlicher Cash Flow

Die ausführliche Berechnung des Cash Flow wird wie folgt
berechnet:

Jahresüberschuss/Jahresfehlbetrag lt. GuV

+   **Abschreibungen**
+   **Erhöhung langfristiger Rückstellungen**
-    **Verminderung langfristiger Rückstellungen**
+   **Minderbestand an Erzeugnissen**
-    **Mehrbestand an Erzeugnissen**

=   **Cash Flow (Kassenzufluss)**

Bei der ausführlichen Berechnung des Cash Flow und unter Berücksichtigung der aufgezeigten Faktoren ergibt sich für das Maschinenbauunternehmen „Muster GmbH folgende Werte:

143.000,00 € (Jahresüberschuss)

+ 75.100,00 € (Abschreibungen)

+ 0 € (Erhöhung langfr. Rückstellungen)

- 0 € (Vermind. langfr. Rückstellungen)

+ 0 € (Minderbest. an Erzeugnissen)

- 28.000,00 € (Mehrbestand an Erzeugnissen)

= 190.000,00 € (ausführlicher Cash Flow)

Beispiel für die Cash Flow –Berechnung

	IST 2011	Plan 2011
Jahresüberschuss	**412.500,00**	**500.000,00**
+ Abschreibungen	170.300,00	110.000,00
- Zuschreibungen	-15.600,00	0
+ Rückstellungen	136.000,00	50.000,00
- Auflösungen v. Rückstellungen	-35.700,00	50.000,00
Weitere Positionen		
+alle Aufwendungen, die nicht **gleichzeitig Ausgaben sind**	64.800,00	-15.000,00
- Erträge, die zu keinen Ein- **nahmen geführt haben**	-35.400,00	-15.000,00
= Cash Flow	**696.900,00**	**645.000,00**
Cash Flow in %	**169%**	**129%**

● ● ●

Vermögensstruktur (Konstitution)

Anlageintensität
Definition:

Die Anlagenintensität als eine der Vermögensstrukturkennzahlen gibt das Verhältnis des Anlagevermögens zum Gesamtvermögen (bzw. zu der Bilanzsumme) in % an.

Die Anlagenintensität lässt Schlüsse über die Kapitalbindung und Fixkostenbelastung und damit die finanzielle Flexibilität eines Unternehmens zu.

Formel:

$$\frac{Anlagevermögen}{Gesamtvermögen} x\ 100 = Anlageintensität$$

Interpretation:

hohe Anlagenintensität – d.h. ein hoher Anteil des Anlagevermögens am Gesamtvermögen – bedeutet:

- eine hohe langfristige Kapitalbindung;

- hohe Fixkosten (u.a. in Form der Abschreibungen sowie in Gestalt der mit der langfristigen Kapitalbindung im Anlagevermögen verbundenen Kosten für Zinsen)

- eine geringe Flexibilität: nimmt der Umsatz ab, können die Kosten aufgrund ihres Fixkostencharakters nicht entsprechend kurzfristig angepasst werden

- möglicherweise hoher Kapitalbedarf für Ersatzinvestitionen.

Niedrige Anlagenintensität

- Eine außergewöhnlich niedrige Anlagenintensität kann darauf deuten, dass altes, vollständig abgeschriebenes Anlagevermögen vorliegt (z.B. veraltete Maschinen).

Möglichkeiten zur Veränderungen der Anlagenintensität

Die Anlagenintensität wird z.B. durch Leasing verringert.

Umlaufintensität
Definition:

Die Umlaufintensität auch Umlaufquote genannt, zeigt das Verhältnis des Umlaufvermögens zum Gesamtvermögen (Bilanzsumme).

Die Höhe der Umlaufintensität lässt Schlüsse über die Kapitalbindung und Kostenflexibilität eines Unternehmens zu.

Formel:

$$\frac{Umlaufverm\ddot{o}gen}{Gesamtverm\ddot{o}gen} x\,100 = Umlaufintensit\ddot{a}t$$

Interpretation:

hohe Umlaufintensität – d.h. ein hoher Anteil des Umlaufvermögens am Gesamtvermögen – bedeutet:

- eine kurzfristige Kapitalbindung: Forderungen gegenüber Kunden und Vorräte werden relativ schnell in liquide Mittel verwandelt

- geringe Fixkosten (in Form der Abschreibungen)

- nimmt der Umsatz ab, können die Bestände und Kosten aufgrund ihres variablen Charakters entsprechend kurzfristig angepasst werden;

- u.U. geringer Kapitalbedarf für Ersatzinvestitionen.

In den meisten Fällen ist eine hohe Umlaufintensität aufgrund der genannten Aspekte positiv zu beurteilen. Sie kann jedoch auch auf hohe bzw. überhöhte Lagerbestände oder ausstehende Forderungen bei Kunden hindeuten.

Insofern ist diese Kennzahl im Zeitverlauf zu vergleichen und im Kontext zu betrachten:

Erhöht sich der Umsatz, wird sich in der Regel auch das Umlaufvermögen erhöhen, da höhere Vorratsbestände benötigt werden und höhere Kundenforderungen vorliegen. Beide Bilanzposten gehören zum Umlaufvermögen.

Niedrige Umlaufintensität

Eine außergewöhnlich niedrige Umlaufintensität bedeutet im Umkehrschluss eine entsprechend hohe Anlagenintensität mit den dort beschriebenen Folgen.

Eine gesunkene Umlaufintensität kann auch positive Ursachen haben, wie z.B. wenn eine Umstellung auf Aufgrund von Optimierungen eine Just-in-Time-Produktion zu sinkenden Vorratsbeständen geführt hat oder der Forderungsbestand durch kürzere Zahlungsfristen bzw. ein straffes Mahnwesen reduziert werden konnte.

Vorratsquote
Definition:

Die Vorratsquote auch als Vorratsintensität bezeichnet, zeigt das Verhältnis des Buchwerts der Vorräte zum Gesamtvermögen (Bilanzsumme).

Die Vorratsquote ist u.a. ein Maßstab für die Kapitalbindung in der Lagerhaltung.

Formel:

$$\frac{Vorräte}{Gesamtvermögen} x\ 100 = Vorratsintensität$$

Interpretation:

● ● ●

hohe Vorratsquote

- größere Zinsbelastungen und höhere Lagerkosten

- größeres Lagerrisiko (Schwund, Verderb usw.)

- *Vorteil*: gesichertere Produktion

niedrige Vorratsquote: Vor- und Nachteile entgegengesetzt zu den Punkten in der „hohen Vorratsquote"

Forderungsquote
Definition:

Die Forderungsquote auch Forderungsintensität genannt, bezeichnet das Verhältnis des Buchwerts der Forderungen zum Gesamtvermögen (der Bilanzsumme).

Formel:

$$\frac{Kurzfristige\ Forderungen}{Gesamtverm\ddot{o}gen} x\ 100 = Forderungsquote$$

Interpretation:

hohe Forderungsintensität

- Höheres Risiko von Forderungsverlusten

- Größere Zinsverluste

- Geringere Flexibilität

• • •

Zahlungsmittelquote

Definition:

Die Zahlungsmittelquote, auch Zahlungsmittelintensität genannt, zeigt das Verhältnis von liquiden Mitteln zum Gesamtvermögen.

Sie ist ein Anzeichen für die Entwicklung der liquiden Mittel im Unternehmen.

Formel:

$$\frac{Liquide\ Mittel}{Gesamtvermögen} x\ 100 = Zahlungsmittelquote$$

Interpretation:

hohe Zahlungsmittelquote

- deutet auf eine bessere Absatzlage des Unternehmens hin

Kapitalstruktur (Finanzierung)

Eigenkapitalquote

Definition:

Die Eigenkapitalquote bezeichnet den Anteil des Eigenkapitals am Gesamtkapital (Bilanzsumme), ausgedrückt in Prozent.

Sie ist einer der Indikatoren für das Risiko und die Bonität eines Unternehmens.

Formel:

$$\frac{Eigenkapital}{Gesamtkapital} x\,100 = Eigenkapitalquote$$

Interpretation:

hohe Eigenkapitalquote

- höhere Kreditwürdigkeit (Bonität)

- eine geringe Verschuldung;

- ein geringeres Risiko an Insolvenztatbeständen

- eine höhere Unabhängigkeit für das Unternehmen, unabhängiger gegenüber Fremdkapitalgeber

Nachteil: Eine hohe Eigenkapitalquote wirkt sich jedoch negativ auf die Eigenkapitalrentabilität aus.

Anspannungskoeffizient
Definition:

Der Anspannungskoeffizient, auch Fremdkapitalquote genannt, ist eine Bilanzkennzahl zur Analyse der Kapitalstruktur von Unternehmungen.

Mit ihm soll das Kapitalrisiko für Investoren beurteilt werden.

• • •

Formel:

$$\frac{Fremdkapital}{Gesamtkapital} x\ 100 = Anspannungskoeffizient$$

Interpretation:

hoher Anspannungskoeffizient

- Indikator für zunehmende Schwierigkeiten bei der zukünftigen Verschuldung

- Risiko der Kündigung von Krediten steigt

Anlagendeckung (Investierung)

Anlagendeckung I
Definition: Der Deckungsgrad I zeigt an, in welcher Prozenthöhe des Anlagevermögens mit Eigenkapital finanziert sind.

Ein Deckungsgrad I von 70% bedeutet beispielsweise, dass einem EURO Anlagevermögen 70 Cent Eigenkapital gegenüberstehen und somit Teile des Anlagevermögens (30%) mit Fremdkapital finanziert werden müssen. Die Fristigkeit der Finanzierung soll der Bindungsfrist des Vermögens entsprechen.

Formel:

$$\frac{Eigenkapital}{Anlagevermögen} = Anlagendeckung\ I$$

Anlagendeckung II
Definition:

Der Deckungsgrad II zeigt an, in welcher Prozenthöhe des Anlagevermögens langfristig finanziert sind.

Ein Deckungsgrad II von 80% bedeutet beispielsweise, dass lediglich 80% des Anlagevermögens langfristig und die restlichen 20% kurzfristig finanziert werden.

Da das Anlagevermögen langfristig gebunden ist, sollte es in der Regel auch langfristig finanziert werden. Im Umkehrschluss würde das Umlaufvermögen nicht ausreichen, um das gesamte kurzfristige Fremdkapital zu bedienen. Der Deckungsgrad II sollte somit mindestens 100% betragen.

Formel:

$$\frac{Eigenkapital + langfr.\ Fremdkapital}{Anlagevermögen} = Anlagendeckung\ II$$

Anlagendeckung III
Definition:

● ● ●

Der Deckungsgrad III gibt darüber Auskunft, inwieweit das Anlagevermögen und die Vorräte durch das Eigenkapital und das langfristige Fremdkapital finanziert werden können.

Formel:

$$\frac{Eigenkapital + langfr.\ Fremdkapital}{Anlagevermögen + dauernd\ benötigtes\ Umlaufverm.} x\ 100 = Anlagendeckung\ II$$

Zahlungsbereitschaft (Liquidität)

Liquidität I (Barliquidität)

Definition:

Die Liquidität I ist eine statische Kennzahl der Liquidität. Sie gibt das Verhältnis der liquiden Mittel zu den kurzfristigen Verbindlichkeiten an. Die liquiden Mittel bestehen aus den Bestandteilen Barmittel und Bankguthaben. Dabei sollen sich die liquiden Mittel zu den kurzfristigen Verbindlichkeiten im Verhältnis 1:5 stehen. Diese Regel ist auch unter der Bezeichnung "absolute liquidity ratio" bekannt. Auch bezeichnet als Liquidität ersten Grades.

Die Barliquidität ist statisch, da sie an einem bestimmten Stichtag ermittelt wird. In der Regel wird sie im Rahmen der Bilanz- oder Finanzanalyse aufgrund der Bilanz festgestellt, daher ist ihre Aussage vergangenheitsorientiert.

Formel:

$$\frac{Liquide\ Mittel}{kurzfristiges\ Fremdkapital} x\ 100 = Liquidität\ I$$

Liquidität II (Einzugsbedingte Liquidität)

Definition:

Bei der Liquidität II werden die flüssigen Mittel um die kurzfristigen Forderungen ergänzt und mit den kurzfristigen Verbindlichkeiten ins Verhältnis gesetzt. Die Liquidität 2. Grades gibt an, inwieweit die Forderungen und flüssigen Mittel die kurzfristigen Verbindlichkeiten decken. Liegt sie unter 100%, könnte es ein Hinweis auf einen zu hohen Lagerbestand, aufgrund mangelnden Absatzes, sein. Die Zahlungsfähigkeit kann gefährdet sein.

Formel:

$$\frac{Liquide\ Mittel + kurzfr.\ Forderungen}{kurzfristiges\ Fremdkapital} x\ 100 = Liquidität\ II$$

Liquidität III (Umsatzbedingte Liquidität)

Definition:

Bei der Liquidität III wird das Umlaufvermögen mit den kurzfristigen Verbindlichkeiten ins Verhältnis gesetzt. Die Quote sollte mindestens 120% betragen. Liegt sie darunter, kann es Probleme mit dem Absatz geben. Liegt sie deutlich darüber, könnten im Lager zu viele Produkte liegen, die das Kapital binden. Liegt die Liquidität 3. Grades unter 100%, ist darauf zu schließen, dass ein Teil des langfristigen Anlagevermögens kurzfristig finanziert worden ist. Dies verstößt gegen die goldene Bilanzregel: langfristiges Anlagevermögen muss langfristig finanziert werden.

Formel:

$$\frac{Umlaufvermögen}{kurzfristiges\ Fremdkapital} x\ 100 = Liquidität\ III$$

Aufwandsstrukturkennzahlen

Materialaufwandsquote
Definition:

Die Materialaufwandquote gibt an, welche Menge Material im Verhältnis zum Umsatz benötigt wurde.

Im Materialaufwand sind alle Kosten enthalten, die dafür benötigt werden, um die Produkte eines Unternehmens herzustellen, bzw. die Handelsumsätze des Betriebes zu erwirtschaften. Es werden dabei nur die Kosten des Materials erfasst, welches auch tatsächlich für die in dem Geschäftsjahr verkauften Produkte angefallen ist. Alle anderen Bestände werden in der Bilanz unter den Vorräten geführt.

Die Materialaufwandsquote gibt Anhaltspunkte darüber, ob mit Rohstoffen verschwenderisch umgegangen wurde oder ob Material zu teuer eingekauft wurde.

Eine hohe Materialaufwandsquote sollte Anlass geben, mit den Lieferanten über günstigere Konditionen zu verhandeln oder aber auch die Produktionsvorgänge zu optimieren.

Formel:

$$\frac{Materialeinsatz}{Gesamtleistung} x\ 100 = Materialaufwandsquote$$

Personalaufwandsquote
Definition:

Die Personalaufwandsquote gibt den Anteil der Personalkosten an der Gesamtleistung des Unternehmens an. Der Personalaufwand ergibt sich aus der Summe von Löhne, Gehälter und Sozialaufwand. Die Quote gibt Rückschlüsse auf den Rationalisierungsgrad sowie auf die Arbeitsintensität eines Unternehmens.

Sehr starken Einfluss auf diesen Wert haben unter anderem Outsourcing und flexible Arbeitszeiten.

Formel:

● ● ●

$$\frac{Personalaufwand}{Gesamtleistung} x\ 100 = Personalaufwandsquote$$

Abschreibungsaufwandquote

Definition:

Die Personalaufwandsquote gibt den Anteil der Personalkosten an der Gesamtleistung des Unternehmens an. Der Personalaufwand ergibt sich aus der Summe von Löhne, Gehälter und Sozialaufwand. Die Quote gibt Rückschlüsse auf den Rationalisierungsgrad sowie auf die Arbeitsintensität eines Unternehmens.

Sehr starken Einfluss auf diesen Wert haben unter anderem Outsourcing und flexible Arbeitszeiten.

Formel:

$$\frac{Abschreibungsaufwand}{Gesamtleistung} x\ 100 = Abschreibungsaufwandsquote$$

Umschlagskennzahlen

Lagerumschlagshäufigkeit

Definition:

Die Lagerumschlagshäufigkeit gibt an, wie oft sich das im Lager befindliche Material innerhalb einer Periode umschlägt, oder anders ausgedrückt wie oft sich das Material im Lager verbraucht oder verkauft und durch Neueinlagerung ersetzt wurde. Bei der Lagerumschlagshäufigkeit wird demzufolge der Materialverbrauch mit dem Lagerbestand in Beziehung gesetzt.

Formel:

$$\frac{Materialeinsatz}{Durchschn.\ Stoffe - Lagerbestand} = Lagerumschlagshäufigkeit$$

Interpretation:

Geringe Umschlagshäufigkeit:

... die Lagerhaltung und damit die Kapitalbindung hat zugenommen, dies ist negativ zu bewerten. Ziel ist es also, eine möglichst hohe Umschlagshäufigkeit zu erzielen.

Hohe Umschlagshäufigkeit

...bedeutet eine Verkürzung der Lagerdauer, die zu einer Senkung der Lagerkosten sowie des Kapitaleinsatzes durch Kapitalbindung führt. Maßnahmen zur Erhöhung der Umschlagshäufigkeit sind z. B. eine Reduzierung des Mindestbestandes, eine Verkürzung der Beschaffungszeiten.

Die Betrachtung der Lagerumschlagshäufigkeit sollte nicht nur pauschal für das gesamt Lager durchgeführt werden, sondern auch pro Materialgruppe oder auch Materialposition. Dabei wären insbesondere sollte dabei die ABC Analyse unter Beachtung der Materialbeschaffungskosten betrachtet werden.

Durchschnittliche Lagerdauer

Definition:

Die durchschnittliche Lagerdauer gibt Auskunft über die Entwicklung der Kapitalbindung im Lager.

Sie zeigt auf, wie lange die Vorräte - und damit auch das dafür benötigte Kapital - durchschnittlich im Lager gebunden sind.

• • •

Weiterhin kann man an dieser Kennzahl ablesen, wie viele Verbrauchsperioden ein durchschnittlicher Lagerbestand abdeckt.

Formel:

$$\frac{360\,Tage}{Lagerumschlagsh\ddot{a}ufigkeit} = Durchschnittliche\ Lagerdauer$$

Interpretation:

Geringe Lagerdauer:

- Niedrigere Kapitalbindung

- Verbesserung der Wirtschaftlichkeit

- Schnelle Liquidität

Forderungsumschlag

Forderungsumschlagshäufigkeit

Definition:

Die Forderungsumschlagshäufigkeit gibt an, wie oft die Forderungen, i.d.R.: Forderungen aus Lieferungen und Leistungen, über den Umsatz umgeschlagen werden.

Die Forderungsumschlagshäufigkeit kann durch konsequentes Forderungsmanagement (Verkürzung der Zahlungsziele etc.) verbessert werden, so dass die Kapitalbindung in den Forderungen entsprechend verringert wird.

Formel:

$$\frac{Umsatzerlöse\ (abzgl.\ Erlösschmälerung}{Durchschnittlicher\ Forderungsbestand} = Forderungsumschlagshäufigkeit$$

Durchschnittliches Kundenziel

Definition:

Das Durchschnittliche Kundenziel, auch Debitorenlaufzeit genannt, wird aus der Forderungsumschlagshäufigkeit und dem Zeitraum ermittelt, der zwischen der Rechnungserstellung und dem Zahlungseingang liegt. Es wird also bestimmt, wie lange es im Durchschnitt dauert, bis die Kunden ihre Rechnung bezahlen. Dass das Durchschnittliche Kundenziel kürzer ist als die Kreditorenlaufzeit, gilt als vorteilhaft.

Im Vergleich von mehreren Zeiträumen kann beobachtet werden, inwieweit sich das Zahlungsverhalten der Kunden ändert. Sollten sich die Debitorenlaufzeit erhöhen, ist das Mahnwesen/-verfahren zu prüfen.

● ● ●

Formel:

$$\frac{360}{Forderungsumschlagsh\ddot{a}ufigkeit} = Durchschnittliches\ Kundenziel$$

Rentabilitätskennzahlen

Bereinigter Jahresgewinn

Definition:

Der bereinigte Jahresgewinn misst die Rendite des eingesetzten Eigen- und Gesamtkapitals und des Umsatzes. Für die Berechnung von Rentabilitätskennzahlen wird stets vom bereinigten Jahresgewinn ausgegangen

Formel:

$$\begin{array}{c} Jahresergebnis \\ + \ Au\beta erordentliche\ Aufwendungen \\ - \ Au\beta erordentliche\ Ertr\ddot{a}ge \\ \hline = Ordentliches\ Unternehmensergebnis \\ - \ Kalkulatorischer\ Unternehmerlohn \\ - \ Kalkulatorischer\ Lohn\ v.\ Familienangeh\ddot{o}rige \\ \hline = Bereinigter\ Jahresgewinn \end{array}$$

Eigenkapitalrentabilität

Definition:

Die Eigenkapitalrentabilität, auch Eigenkapitalrendite genannt, ist eine Form der Kapitalrentabilität. Sie bezeichnet die

● ● ●

"Verzinsung" des eingesetzten Eigenkapitals, ausgedrückt in Prozent.

Durch den sogenannten Leverage-Effekt kann die Eigenkapitalrendite erhöht werden.

Formel:

$$\frac{Bereinigter\ Jahresgewinn}{Durchschnittliches\ Eigenkapital} x\ 100 = Eigenkapitalrentabilität$$

Risikoprämie

Definition:

Die Risikoprämie wird als Ausgleich für das eingegangene unternehmerische Risiko gesehen.

Formel:

$$\frac{Durchschnittlicher\ Kapitalmarktzins}{- Eigenkapitalrentabilität} = Risikoprämie$$

Gesamtkapitalrentabilität

Definition:

Die Gesamtkapitalrentabilität, auch Gesamtkapitalrendite genannt, gibt die Verzinsung des gesamten in einem Unternehmen eingesetzten Kapitals, das sich aus Eigenkapital und Fremdkapital zusammensetzt, an.

Die Gesamtkapitalrentabilität trägt auch die Bezeichnung Return on Investment (ROI).

● ● ●

Formel:

$$\frac{Bereinigter\ Jahresgewinn + Fremkapitalzinsen}{Durchschnittliches\ Gesamtkapital} x\ 100 = Gesamtkapitalrentabilit$$

Umsatzrentabilität

Definition:

Die Gesamtkapitalrentabilität, auch Gesamtkapitalrendite genannt, gibt die Verzinsung des gesamten in einem Unternehmen eingesetzten Kapitals, das sich aus Eigenkapital und Fremdkapital zusammensetzt, an.

Die Gesamtkapitalrentabilität trägt auch die Bezeichnung Return on Investment (ROI).

Formel:

$$\frac{Bereinigter\ Jahresgewinn}{Umsatz(\ -\ Erlösschmälerung)} x\ 100 = Umsatzrentabilität$$

Cashflow (Kassenzufluss)

Definition:

Der Cash Flow gibt die Differenz von einnahmewirksamen Erträgen und ausgabewirksamen Aufwendungen, die für Investitionen, Dividendenzahlungen und Schuldentilgungen verfügbar ist wieder.

Der Cash Flow wird auch als Umsatzüberschuss bezeichnet.

Allgemeine Berechnung

Berechnungsweise:

Um den allgemeinen Cash Flow auf indirektem Wege zu ermitteln, werden die Positionen, die nicht zahlungswirksam sind, aus dem Jahresüberschuss herausgerechnet.

Formel:

$$\frac{\begin{array}{l} Jahres\ddot{u}berschuss \\ + \; Aufwendungen\ die\ keine\ Ausgaben\ verursachten \\ -\; Ertr\ddot{a}ge\ die\ zu\ keinen\ Einnahmen\ f\ddot{u}hrten \end{array}}{Cash\ Flow\ (allgemein)}$$

Zu den nicht zahlungswirksamen Aufwendungen zählt man:

- Einstellungen in die Rücklagen

- Erhöhung des Gewinnvortrages

- Abschreibungen

- Erhöhung der Sonderposten mit Rücklageanteil

- Erhöhung der Rückstellungen

- Bestandminderung an fertigen und unfertigen Erzeugnissen

- Periodenfremde und außerordentliche Aufwendungen

Zu den nicht zahlungswirksamen Erträgen zählt man:

• • •

- Entnahme aus Rücklagen

- Minderung des Gewinnvortrages

- Zuschreibungen

- Auflösung von Wertberichtigungen

- Minderung der Sonderposten mit Rücklageanteil

- Auflösung von Rückstellungen

- Bestandserhöhungen an fertigen und unfertigen Erzeugnissen

- Aktivierte Eigenleistungen

- Periodenfremde und außerordentliche Erträge

Einfache Berechnungsform

Berechnungsweise:

Die einfache Berechnungsform wird zumeist in kleineren Betrieben angewandt.

Formel:

$$\frac{\begin{array}{l} Jahres\ddot{u}berschuss \\ + \ Abschreibungen \end{array}}{= Cashflow \ (einfache \ Form)}$$

Ausführliche Berechnungsform

Berechnungsweise:

Die ausführliche Berechnungsform berücksichtigt neben den Abschreibungen weitere Aufwendungen ohne Ausgaben und mindert den Jahresüberschuss um Erträge, die u keinen Einnahmen geführt haben.

Formel:

$$Jahresüberschuss\ lt.\ GuV$$
$$+\ Abschreibungen$$
$$+\ Erhöhung\ langfristiger\ Rückstellungen$$
$$+\ Minderbestand\ an\ Erzeugnissen$$
$$-\ Verminderung\ langfristiger\ Rückstellungen$$
$$-\ Mehrbestand\ an\ Erzeugnissen$$

$$\overline{= Cashflow\ (ausführlichere\ Form)}$$

● ● ●

Glossar

Anderskosten:

Anderskosten sind Kosten, denen in der Geschäftsbuchführung ein Aufwand gegenübersteht, der für die Kalkulation aber anders bewertet wird. Dazu zählen kalkulatorische Abschreibungen, kalkulatorische Wagnisse, kalkulatorische Zinsen und kalkulatorische Miete, wenn sie in der Kosten-Leistungs-Rechnung anders als in der Gewinn- und Verlust-Rechnung bewertet werden.

Annuität

Die Annuität ist der durchschnittlicher erzielte Gewinn einer Investition in einem Unternehmen.

Aufwand/Aufwendungen

Unter Aufwand versteht man den Verbrauch aller Güter und Dienstleistungen in einer bestimmten Periode.
Aufwand ist ein Begriff der Finanzbuchführung. Kosten ist ein Begriff der Kalkulation.

Außerordentlicher Aufwand

Außerordentliche Aufwendungen sind Aufwendungen, die außerhalb der gewöhnlichen Geschäftstätigkeiten oder in außergewöhnlicher Höhe anfallen. Beispiele hierfür sind hohe Verluste aus dem Verkauf von Immobilien oder Kosten, die durch Schäden entstehen.

Betriebsfremder Aufwand

Betriebsfremder Aufwand ist Aufwand, der unabhängig von der betrieblichen Tätigkeit erbracht wird, der unabhängig vom Betriebszweck ist. Beispiele für betriebsfremde

● ● ●

Aufwendungen in einem Industriebetrieb sind
Abschreibungen auf Finanzanlagen oder Aufwendungen für
Personal, das die Finanzgeschäfte betreibt.
Betriebsfremde Aufwendungen sind z.B.

- Zinsaufwendungen

- Abschreibungen auf Finanzanlagen.
  Die gesetzlich vorgeschriebene Abschreibung ist
  betriebsfremder Aufwand. In der Abgrenzungsrechnung
  wird sie als kosten- und leistungsrechnerische Korrektur
  gegen die kalkulatorische Abschreibung verrechnet.

- Verluste aus dem Abgang von Finanzanlagen

- Verluste aus dem Abgang von Wertpapieren (des
  Umlaufsvermögens)

- Gewerbesteuer

- Versicherungen

- außerordentliche Aufwendungen (Selbstbeteiligung an
  Kfz-Versicherung)

Periodenfremder Aufwand
Periodenfremde Aufwendungen sind Aufwendungen, die
von Aktivitäten vorausgehender Perioden verursacht
wurden. Beispiele für periodenfremde Aufwendungen sind
Nachzahlungen für Gewerbesteuer, Prozesskosten.

Ausgaben
Ausgaben sind der Abfluss liquider Mittel plus
Forderungsabgänge und Schuldenzugänge.

B

• • •

Barwert

Bei dem Barwert handelt es sich um einen Gegenwartswert einer zukünftigen Zahlung

Betriebsabrechnungsbogen (BAB)

Der Betriebsabrechnungsbogen (BAB) sammelt die Kosten (Gemeinkosten der Kostenartenrechnung) und verteilt sie auf die im Betrieb vorhandenen Kostenstellen (Abteilungen). Im Betriebsabrechnungsbogen werden die Gemeinkosten der Kosten- und Leistungsrechnung entweder nur auf die Hauptkostenstellen verteilt (einstufiger BAB) oder auf die Hauptkostenstellen sowie zusätzlich auf die allgemeinen Kostenstellen (mehrstufiger BAB)

Die wichtigsten Aufgaben des BAB sind:
Ermittlung der Kosten jeder Kostenstelle (absolut und prozentual), Vergleich der Kosten jeder Kostenstelle im Zeitablauf (Kostenkontrolle), Grundlage für die Berechnung von Handlungskostenzuschlägen für die einzelnen Kostenträger (Kostenträgerrechnung).

Betriebsergebnis

Das Betriebsergebnis ist die Differenz zwischen Kosten und Leistungen, es wird durch die Kosten- und Leistungsrechnung ermittelt.

Betriebsfremder Aufwand: siehe Aufwand

Betriebsfremder Ertrag: siehe Ertrag

Bezugskalkulation

Bei der Bezugskalkulation (Einkaufskalkulation) wird unter

● ● ●

Berücksichtigung von Tara, Gutgewicht, Rabatt, Skonto, Einkaufskosten und Bezugskosten der Bezugspreis (Einstandspreis, Wareneinsatz) ermittelt.

Bezugsrecht

Hierbei handelt es sich um ein gesetzlich verbrieftes Recht eines Aktionärs auf den Bezug von Neuaktien, welches bei einer regulären Kapitalerhöhung von Bedeutung ist.

BAB, einstufig (einfacher BAB)

Beim einstufigen BAB werden die Gemeinkosten nur auf Hauptkostenstellen (wie z.B. Fertigung, Material, Verwaltung und Vertrieb) verteilt.

Bilanz

Die Bilanz ist eine Gegenüberstellung des Vermögens (Aktiva) und des Kapitals (Passiva).

Break-Even-Menge

Als Break-Even-Menge bezeichnet man den kritischen Wert am Übergang von der Gewinn- in die Verlustzone. Bei dieser ist der Wert gleich Null.

Break-Even-Point

Er ist erreicht, wenn die Fixkosten durch den anhand von Verkäufen erzielten Deckungsbeitrag decken.

C

Cash-Flow

Der Cashflow beziffert den Überschuss, der sich ergibt, wenn man von den Einnahmen die Ausgaben abzieht. Er lässt erkennen, in welchem Maße ein Unternehmen Finanzmittel aus eigener Kraft erwirtschaftet hat. Dies Kennzahl zeigt, wie stark das Unternehmen sich von innen heraus finanzieren kann (Innenfinanzierung), wie groß also das finanzielle Potenzial ist, das aus seiner erfolgreichen Tätigkeit in der Wirtschaft wächst

D

Barwert

Debitorenlaufzeit

Die Debitorenlaufzeit wird aus dem durchschnittlichen Forderungsbestand und dem Zeitraum ermittelt, der zwischen der Rechnungs-erstellung und dem Zahlungseingang liegt. Es wird also bestimmt, wie lange es im Durchschnitt dauert, bis die Kunden (Debitoren) ihre Rechnung bezahlen.

Deckungsbeitrag

Deckungsbeitrag ist der Betrag, um den die Verkaufserlöse einer Warengruppe (Artikelgruppe) die variablen Kosten der Warengruppe übersteigen. Dieser Betrag dient der Deckung der fixen Kosten. Deckungsbeitrag = Verkaufserlöse - variable Kosten.
Das Rechnen mit Deckungsbeiträgen dient als Entscheidungshilfe bei der Sortimentsgestaltung (Sortimentsbereinigung) und liefert die Daten für die kurzfristige (absolute) Preisuntergrenze (hier sind gerade noch die variablen Kosten gedeckt).

● ● ●

Deckungsbeitragsrechnung
Die Kostenträgerrechnung kann auch als
Teilkostenrechnung (Deckungsbeitragsrechnung)
durchgeführt werden. Die Deckungsbeitragsrechnung
(Teilkostenrechnung) geht aus von der Einteilung der
Kosten in variable (beschäftigungsabhängige) und fixe
(beschäftigungsunabhängige) Kosten. Die variablen Kosten
setzen sich zusammen aus den Einzelkosten (z.B.
Einkaufspreis, Bezugskosten, Ausgangsfrachten) und den
variablen Gemeinkosten (z.B. Lagerkosten,
Transportkosten).

Differenzkalkulation
Mit der Differenzkalkulation (Gewinnkalkulation) ermittelt
man den Gewinn bei gegebenem Verkaufspreis und
gegebenen Zuschlagssätzen (Nachkalkulation mit
Istzuschlägen). Vom Fertigungsmaterial bis zu den
Selbstkosten wird vom Hundert vorwärts gerechnet. Vom
Listenverkaufspreis bis zum Barverkaufspreis wird vom
Hundert rückwärts gerechnet.

E

EBIT = Earnings before interest and taxes.

Hierbei handelt es sich um das Ergebnis vor Steuern und
Zinsen. Diese Kennzahl zeigt das Betriebsergebnis
unabhängig von regionalen Besteuerungen und
unterschiedlichen Finanzierungsformen an. Dadurch kann
diese Kennzahl zum internationalen Vergleich von
Unternehmen herangezogen werden.

EBITDA

● ● ●

Durch EBITDA Earnings before interests, taxes, depreciation and amortisation (Ergebnis vor Zinsen, Steuern, und Abschreibungen auf Sachanlagen und immaterielle Vermögengegenstände) wird das Betriebsergebnis ohne Verzerrungen dargestellt.

Effektivzins

Es ist die Bezeichnung für den Zinssatz, der die tatsächlichen (jährlichen) Kosten eines Kredits ausdrückt.

Eigenkapitalquote

Die Eigenkapitalquote gibt an, wie hoch der Anteil des Eigenkapitals am Gesamtkapital ist. Je höher die Eigenkapitalquote, umso höher ist die finanzielle Stabilität des Unternehmens und die Unabhängigkeit gegenüber Fremdkapitalgebern. Banken bewerten daher die Bonität eines Unternehmens bei hoher Eigenkapitalquote höher.

Einnahmen

Einnahmen sind der Zufluss von liquiden Mitteln plus Forderungszugänge und Schuldenabgänge.

Einzelkosten

Die Einzelkosten lassen sich schon bei der Erfassung unmittelbar einem bestimmten Erzeugnis (Kostenträger) zuordnen, z.B. Fertigungsmaterial.

Ertrag

Unter Ertrag versteht man (überwiegend) das Ergebnis der betrieblichen Leistungserstellung, d. h. alle erfolgswirksamen Wertzuflüsse in ein Unternehmen während einer Abrechnungsperiode.

Erträge, unternehmensbezogen
Unternehmensbezogene Erträge haben mit der betrieblichen Tätigkeit unmittelbar nichts zu tun; sie müssen von den betrieblichen Erträgen abgegrenzt werden. Beispiele für unternehmensbezogene Erträge sind: Mieterträge, Erträge aus anderen Finanzanlagen, Zinserträge, Erträge aus Wertpapieren des Umlaufsvermögen, außerordentliche Erträge.

Ertrag, betriebsfremd
Betriebsfremder Ertrag ist Ertrag, der unabhängig von der betrieblichen Tätigkeit erbracht wird, der unabhängig vom Betriebszweck ist. Beispiele für betriebsfremde Erträge in einem Industriebetrieb sind

- Mieterträge (Nebenerlöse aus Vermietung/ Verpachtung

- Zinserträge

- Erträge aus Wertpapieren (des Umlaufsvermögen)

- Erträge aus dem Abgang von Gegenständen des Anlagenvermögens

- außerordentliche Erträge.

F

Fixe Kosten
Fixe Kosten sind von der Ausbringungsmenge unabhängig, d.h. sie bleiben bei Produktionsschwankungen über längere Zeit hinweg konstant (z.B. vertraglich festgelegte Mieten und Gehälter, Abschreibungen auf Geschäftseinrichtungen).

● ● ●

G

Gemeinkosten
Die Gemeinkosten können nicht unmittelbar einem Kostenträger belastet werden, da sie für den gesamten Betrieb entstehen. Beispiele sind allgemeine Verwaltungskosten, Abschreibungen, Mieten, Versicherungen, Energiekosten. Die Umlage der Gemeinkosten auf die einzelnen Kostenträger erfolgt mit Hilfe der Gemeinkostenzuschlagssätze.

Gewichtsspesen
Zu den Gewichtsspesen gehören Kosten, die sich auf das Gewicht einer Ware beziehen, z.B. Fracht, Rollgeld und Verladekosten.

GuV
Gewinn und Verlust

GuV-Konto
Das GuV-Konto ist ein Unterkonto des Eigenkapitalkontos.

H

Handelsspanne
Die Handelsspanne ist die Differenz zwischen dem Listenverkaufspreis und dem Bezugspreis in Prozent zum Listenverkaufspreis:
(Listenverkaufspreis - Bezugspreis) * 100 / Listenverkaufspreis.

Handlungskosten

Handlungskosten sind die gesamten Stückgemeinkosten einer Periode. Sie umfassen vor allem die Betriebsbereitschaftskosten wie Personal-, Raum- und Werbungskosten und Abschreibungen. Sie sind also fixe Kosten.

Herstellkosten

Herstellkosten sind die im Zusammenhang mit der Produktion eines Gutes anfallenden Kosten. Herstellkosten sind die Summe aus Material- und Fertigungskosten.

Herstellungskosten

Herstellungskosten sind die Aufwendungen, die durch den Verbrauch von Gütern und die Inanspruchnahme von Diensten für die Herstellung eines Vermögensgegenstands, seine Erweiterung oder für eine über seinen ursprünglichen Zustand hinausgehende wesentliche Verbesserung entstehen. Dazu gehören die Materialkosten, die Fertigungskosten und die Sonderkosten der Fertigung.

Hilfskostenstelle

Hilfskostenstellen sind Bereiche, in denen Leistungen für sämtliche oder zumindest mehrere Unternehmensbereiche erbracht werden. Beispiele sind Empfang, Sozialräume, wie Kantine, oder Leasingfahrzeuge. Sie dienen nur mittelbar dem Herstellung oder dem Verkauf von Erzeugnissen.

I

Interner Zinsfuß

Der interne Zinsfuß bezeichnet den Zinssatz, der beim

* * *

Abzinsen der Überschüsse zu einem Kapitalwert von Null führt.

K

Kalkulationsfaktor
Der Kalkulationsfaktor ist das Verhältnis des Listenverkaufspreises zum Bezugspreis:
Listenverkaufspreis/Bezugspreis

Kalkulationszuschlag
Der Kalkulationszuschlag ist die Differenz zwischen dem Listenverkaufspreis und dem Bezugspreis in Prozent zum Bezugspreis:
(Listenverkaufspreis - Bezugspreis) * 100 / Bezugspreis.

Kalkulatorische Kosten
Kalkulatorische Kosten sind Kosten, welche neben den Grundkosten(der Geschäftsbuchführung) in der Kalkulation als Zusatzkosten und Anderskosten verrechnet werden. Durch die Berücksichtigung dieser Kosten wird die Kalkulation genauer.

Kalkulatorische Zinsen
Die kalkulatorische Zinsen werden vom betriebsnotwendigen Kapital (betriebsnotwendiges Eigen- und Fremdkapital) berechnet; es handelt sich hierbei um das Kapital, das zur Erreichung der Betriebsziele notwendig ist.

Kalkulatorische Abschreibung
Die kalkulatorische Abschreibung berücksichtigt die tatsächliche Wertminderung; sie findet Anwendung in der Kosten- und Leistungsrechnung. Um die betriebliche

• • •

Substanz zu erhalten, kann von den (höheren) Wiederbeschaffungskosten abgeschrieben werden.

Kapitalwert

Ist die Summe aller Erträge, die nach einem bestimmten Zeitpunkt anfallen und auf diesen Zeitpunkt hin diskontiert werden.

Kosten

Kosten sind die Werte der Güter und Dienstleistungen, die bei der betrieblichen Tätigkeit verbraucht werden. Die Kostenbegriff umfasst:
- Verbrauch von Gütern,
- Bewertung dieses Verbrauchs in Geld,
- Leistungsbezogenheit.

Kostenarten

Kosten werden in der Kostenartenrechnung danach unterschieden, welche Art von Kostengütern ihnen zugrunde liegt. So unterscheidet man Material-, Personal-, Dienstleistungs- und Anlagekosten, Steuern, Mieten und kalkulatorische Kosten.

Kostenartenrechnung

Aufgabe der Kostenartenrechnung ist es, sämtliche Kosten, die in einem Betrieb während einer Abrechnungsperiode angefallen sind, zu erfassen. Sie berücksichtigt ausschließlich primäre Kosten.

Kostenstellen

Kostenstellen sind abgegrenzte, betriebliche Verantwortungsbereiche, für welche die Belastung mit

Gemeinkosten gesondert ermittelt werden kann, um sie den Kostenträgern zurechnen zu können. Die Bildung von Kostenstellen erfolgt nach organisatorischen, funktionellen oder räumlichen Gesichtspunkten.

Kostenstellenrechnung
Die Kostenstellenrechnung ermittelt, welche Kosten für die einzelnen Teilbereiche eines Unternehmens innerhalb einer Abrechnungsperiode anfallen.

Kostenträger
Kostenträger sind die Leistungseinheiten eines Betriebes wie z.b. Erzeugnisse, Erzeugnisgruppen und Aufträge.

Kostenträgerblatt (BAB II)
Im Kostenträgerblatt (BAB II) wird der Anteil der verschiedenen Erzeugnisse an den Gesamtkosten und am Umsatzergebnis eines Abrechnungszeitraums errechnet. Das Kostenträgerblatt kann auf Ist- und Normalkostenbasis aufgestellt werden. Für die Rechnung mit Normalkosten gilt:
Betriebsergebnis = Umsatzergebnis + Überdeckung (aus dem BAB)
Betriebsergebnis = Umsatzergebnis - Unterdeckung (aus dem BAB).

Kostenträgerrechnung
Die Kostenträgerrechnung baut auf der Kostenarten- und Kostenstellenrechnung auf und dient der Ermittlung der Gesamtkosten für jeden Kostenträger in einer Abrechnungsperiode (Kostenträgerzeitrechnung) oder der Ermittlung der Stückkosten für jeden Kostenträger (Kostenträgerstückrechnung).

• • •

Kostenträgerstückrechnung

Die Kostenträgerstückrechnung ermittelt die Selbstkosten und den Verkaufspreis eines Erzeugnisses bzw. eines Auftrages (Kostenträger).

Kreditorenlaufzeit

Ist der Zeitraum, der zwischen dem Rechnungseingang und der Bezahlung liegt.

L

Lagerdauer

Ist die Zeit, die eine Ware oder ein Material von der Einlagerung bis zur Entnahme durchschnittlich im Lager bleibt.

Leistungen

Leistungen sind der betrieblich bedingte Wertezuwachs in einem Unternehmen während einer Abrechnungsperiode. Leistungen des Industriebetriebes sind: Absatzleistungen (Umsatzerlöse), Lagerleistungen (Mehrbestände), aktivierte Eigenleistungen (selbst erstellte Anlagen).

Leverage-Effekt

Der Leverage bezeichnet die Abhängigkeit der Rentabilität des Eigenkapitals vom Anteil der Fremdfinanzierung.

Liquidität

Liquidität ist die Ausstattung an Zahlungsmitteln, die für Investitions- und Konsumauszahlungen und zur

● ● ●

Befriedigung von Zahlungsverpflichtungen zur Verfügung stehen.

Es ist die Fähigkeit und Bereitschaft eines Unternehmens, seinen bestehenden Zahlungsverpflichtungen termingerecht und betragsgenau nachzukommen.

Liquiditätsgrade

Liquiditätsgrade messen die statische, zeitpunktbezogene Liquidität und sollen als Kennzahlen darüber Aufschluss geben, ob das Unternehmen liquide ist oder ob Zahlungsschwierigkeiten zu erwarten sind.

Je nach in die Betrachtung einbezogenen liquiditätsnahen Bilanzposten unterscheidet man die Liquiditätskennzahlen:

Liquidität 1. Grades (Barliquidität, cash ratio),

Liquidität 2. Grades (einzugsbedingte Liquidität, quick ratio)

Liquidität 3. Grades (umsatzbedingte Liquidität, current ratio).

M

Mischkosten
Mischkosten sind Kosten, die aus fixen Kosten und variablen Bestandteilen bestehen. Beispiele sind Wartungs- und Instandhaltungskosten.

N

Nachkalkulation
Am Ende des Abrechnungszeitraumes wird überprüft, in

• • •

welchem Umfang die Normalgemeinkosten von den Ist-Gemeinkosten abweichen (Nachkalkulation)

Nettogeldvermögen

Das Nettogeldvermögen ist die Summe der liquiden Mittel plus Forderungen minus Schulden.

P

Periodenfremder Aufwand: siehe Aufwand

Primäre Kosten

Primäre Kosten sind der bewertete Verzehr von Gütern und Dienstleistungen, die ein Unternehmen von außen bezieht.

Preisuntergrenze

Die kurzfristige Preisuntergrenze ergibt sich aus den variablen Kosten der Produktion des Produkts dividiert durch die verkaufte Stückzahl.

R

Rentabilität

Ist das Verhältnis einer Erfolgsgröße zum eingesetzten Kapital einer Rechnungsperiode. Beide Größen können zahlungs- und bilanzorientiert gemessen werden.

Return on Investment (ROI)

Der Return on Investment (ROI) ist eine Kennzahl, die das Verhältnis zwischen Gewinn und investiertem Kapital angibt.

Rückwärtskalkulation

Mit Hilfe der Rückwärtskalkulation wird bei gegebenem Verkaufspreis das aufwendbare Fertigungsmaterial oder die aufwendbaren Fertigungslöhne bestimmt. Bis zum Barverkaufspreis wird rückwärts vom Hundert, von da ab bis zu den Herstellkosten auf Hundert gerechnet. Von den Materialkosten (Herstellkosten - Fertigungskosten) wird das Fertigungsmaterial auf Hundert ermittelt.

S

Sekundäre Kosten

Sekundäre Kosten sind der bewertete Verzehr von eigenen selbsterstellten Leistungen.

Selbstkosten

Die Selbstkosten bestehen aus den Herstellungskosten (Materialkosten + Fertigungskosten) und den Verwaltungsgemeinkosten.

Stückkosten:
Stückkosten sind die auf eine Leistungseinheit entfallenden Kosten.

U

Überdeckung
Sind die Normalgemeinkosten größer als die Ist-Gemeinkosten, so liegt eine Überdeckung vor.

Umlaufvermögen
Unter Umlaufvermögen versteht man die Vermögensteile

• • •

einer Firma, die sich in Menge und Zusammensetzung ständig ändern, wie z.B. Roh-, Hilfs- und Betriebsstoffe, Fertige Erzeugnisse, Handelswaren und Bargeld, Bankguthaben und Forderungen.

Unterdeckung
Sind die Normalgemeinkosten kleiner als die Ist-Gemeinkosten, so liegt eine Unterdeckung vor.

V

Variable Kosten
Variable Kosten sind Kosten, die sich mit der Menge der Produkte oder Dienstleistungen verändern, sie sind abhängig vom Beschäftigungsgrad. Sie sinken oder steigen mit ab- bzw. zunehmender Erzeugnismenge (z.B. Material- und Lohnkosten).

Verteilerschlüssel
Der Verteilerschlüssel legt fest, in welchem Verhältnis Kosten auf mehrere Kostenstellen verteilt werden.

Verschuldungsgrad
Der Verschuldungsgrad zeigt die Relation von Eigenkapital zu Fremdkapital an und gibt damit Auskunft über die Finanzierungsstruktur.

Vollkostenrechnung
Die Kostenträgerrechnung kann als Vollkostenrechnung durchgeführt werden, d.h. die Gemeinkosten (Handlungskosten) werden in voller Höhe (fixe und variable Gemeinkosten) mit Hilfe des Handlungskostenzuschlagssatzes den Einstandspreisen der

● ● ●

Waren zugerechnet. Die Vollkostenrechnung stellt sicher, dass durch den kalkulierten Verkaufspreis alle Kosten gedeckt sind. Die Vollkostenrechnung wird je nach Zielsetzung durchgeführt als Vorwärts-, Rückwärts- oder Differenzkalkulation.

Vorwärtskalkulation
Mit Hilfe der Vorwärtskalkulation wird der Verkaufspreis ermittelt (Vorkalkulation mit Normalzuschlägen). Bis zum Barverkaufspreis wird vom Hundert, von da ab im Hundert gerechnet.

W

Wertspesen
Wertspesen sind Kosten, die für eine Ware bzgl. ihres Einkaufspreises anfallen, beispielsweise Transportversicherung, Verpackungskosten und Wertzölle.

Working Capital

Das Working Capital ergibt sich aus der Differenz von Umlaufvermögen und kurzfristigen Verbindlichkeiten.

Z

Zusatzkosten
Zusatzkosten sind Kosten, denen in der Geschäftsbuchführung kein Aufwand (keine Ausgabe) gegenübersteht. Dazu zählen kalkulatorischer Unternehmerlohn (Wertansatz für die Unternehmertätigkeit in Einzelunternehmen und Personengesellschaften), kalkulatorische Miete (Wertansatz für die von Unternehmer zur Verfügung gestellten Räumlichkeiten) und

• • •

kalkulatorische Eigenkapitalzinsen (Wertansatz für das bereitgestellte Eigenkapital).

Zuschlagskalkulation
Die Zuschlagskalkulation ist eine Netto-Kalkulation der Stückkosten. Dabei werden alle anfallenden Kosten ohne Umsatzsteuer dem jeweiligen Produkt zugeordnet. Der kalkulierte Nettopreis wird am Schluss mit dem Umsatzsteuerfaktor (1,19 bzw. 1,07) multipliziert.